CW01262244

Alessandro Sallusti
intervista
Luca Palamara

Il Sistema

Potere, politica, affari:
storia segreta della magistratura italiana

Rizzoli

Pubblicato per

Rizzoli

da Mondadori Libri S.p.A.
Proprietà letteraria riservata
© 2021 Mondadori Libri S.p.A., Milano

ISBN 978-88-17-15716-2

Prima edizione: gennaio 2021
Seconda edizione: gennaio 2021
Terza edizione: gennaio 2021
Quarta edizione: febbraio 2021
Quinta edizione: febbraio 2021

Il Sistema

Antefatto
Hotel Champagne

«Sono consapevole di aver contribuito a creare un sistema che per anni ha inciso sul mondo della magistratura e di conseguenza sulle dinamiche politiche e sociali del Paese. Non rinnego ciò che ho fatto, dico solo che tutti quelli – colleghi magistrati, importanti leader politici e uomini delle istituzioni, molti dei quali tuttora al loro posto – che hanno partecipato con me a tessere questa tela erano pienamente consapevoli di ciò che stava accadendo. Io non voglio portarmi segreti nella tomba, lo devo ai tanti magistrati che con queste storie nulla c'entrano.»

Inizia così il lungo racconto che Luca Palamara accetta di fare in un colloquio durato giorni. Lo avevo contattato a giugno 2020, poco dopo che sui giornali e in tv era deflagrato il «caso Palamara», clamoroso epilogo di un'indagine avviata su di lui due anni e mezzo prima, nel dicembre 2017, quando era membro del Consiglio superiore della magistratura dopo essere stato per quattro anni presidente dell'Associazione nazionale magistrati. L'indagine, all'inizio poco più di una soffiata su fatti privati marginali, riguardava la sua assidua frequentazione con Fabrizio Centofanti, un amico di vecchia data diventato poi imprenditore e finito sotto inchiesta per corruzione dopo avere scalato fino alla cima, partendo dalla bottega di pizzicaroli dei suoi genitori, salotti e poteri romani. Ma per un anno e mezzo, cioè fino alla vigilia dell'estate 2019, nonostante il clima di veleni e sospetti che lo avvolge, nessuno prova, se non a fermarlo, almeno a ridimensionarlo. Nulla accade e a Luca Palamara è permesso – già questa è un'anomalia – fare quello che dal 2007 ha sempre fatto a tempo pieno e con successo: imbastire accordi per le più importanti nomine della magistratura, essere l'anello di congiunzione tra il mondo giudiziario e quello della politica, tessere e agire apertamente con un metodo perfezionato nel tempo, il «metodo Palamara». Ma questa volta, a sua insaputa, nell'ombra si infila un raggio di luce telecomandato – vedremo come e da chi – che illumina e registra la sua vita privata, i suoi spostamenti, le sue parole e quelle di chi incontra. Il raggio si chiama *trojan*, è un virus informatico che i segugi che, pur a distanza di sicurezza, gli danno la caccia – la procura di Perugia in coordinamento con quella di Roma – iniettano, con un geniale e subdolo trucco nel cellulare, uno strumento che lui, essendo il centro di una vasta rete di relazioni, compulsa freneticamente giorno e notte senza risparmiarsi né censurarsi.

Palamara quindi diventa trasparente, e con lui tutti i suoi interlocutori. Cosa che puntualmente accade anche la notte tra l'8 e il 9 maggio del 2019, poi nota come «notte dell'Hotel Champagne». Siamo a Roma, in una saletta riservata di un albergo di via Principe Amedeo, alle spalle della stazione Termini, usato come base d'appoggio da alcuni magistrati che arrivano da fuori città. Pochi minuti prima di mezzanotte, Palamara si incontra con cinque magistrati del Consiglio superiore della magistratura e Cosimo Ferri, già onorevole del Partito democratico e ora di Italia viva, ma soprattutto leader storico della corrente di destra della magistratura, Magistratura indipendente, con il quale Palamara – leader della corrente di centro Unità per la Costituzione – da anni si siede, a volte da socio altre da avversario, ai tavoli dove si gioca il Risiko delle nomine. Poco dopo si aggiunge Luca Lotti, deputato del Pd, già braccio destro e sottosegretario di Matteo Renzi prima e ministro dello Sport di Paolo Gentilo-

Antefatto

ni poi, ma anche tra gli indagati eccellenti nell'inchiesta Consip (tangenti su appalti pubblici) partita da Napoli nel 2016 e poi approdata alla procura di Roma. E proprio la procura di Roma è il tema caldo di quella riunione notturna. I convitati devono infatti verificare per l'ultima volta se nel plenum del Csm avranno i voti necessari per pilotare il loro candidato, Marcello Viola, procuratore generale di Firenze, su una delle poltrone più importanti delle istituzioni italiane. La poltrona, ambita e contesa, di procuratore capo di Roma, appena liberata da Giuseppe Pignatone, costretto a lasciare per raggiunti limiti di età dopo sette anni di potere incontrastato.

Il Csm deve decidere a giorni, il tempo stringe e servono certezze. Ognuno dei partecipanti a quell'incontro mette le carte in tavola, cioè garantisce per sé ma anche per altri colleghi, grandi elettori a loro fedeli. Conta e riconta, a un certo punto il trojan capta la voce di Luca Lotti dire: «Si va su Viola, sì, ragazzi» secondo una frettolosa trascrizione fatta dagli uomini della Guardia di Finanza; «Si arriverà su Viola, sì ragazzi» stando alla perizia fonica disposta poi dal Csm. Che Lotti, cioè un politico indagato, abbia dettato la linea ai magistrati presenti o più semplicemente, come parrebbe dalla seconda versione, abbia preso atto dell'esito della loro conta, sta di fatto che pochi giorni dopo, il 23 maggio 2019, la Commissione per gli incarichi direttivi del Csm, con quattro voti su sei, propone al suo plenum, che si dovrà riunire di lì a poco, di nominare Marcello Viola procuratore di Roma.

Ma questa volta, ed è la prima volta in carriera, Luca Palamara non farà in tempo a godere del frutto del suo lavoro dietro le quinte e quella di Viola sarà una nomina abortita in pancia (procuratore capo a Roma diventerà Michele Prestipino). Tre settimane dopo la «notte dell'Hotel Champagne», giusto il tempo di sbobinare i materiali ricavati dal trojan e di avere tutti i via libera a una decisione non priva di rischi, la procura di Perugia, sede competente per le indagini sui magistrati in servizio a Roma, rompe infatti gli indugi, spinta anche da una fuga di notizie sull'esistenza del trojan e della cena pro Viola pubblicate il 29 maggio da «Corriere» e «Repubblica». All'alba di giovedì 30 maggio un gruppo di uomini della Guardia di Finanza, lo stesso corpo che per anni lo aveva scortato garantendogli la sicurezza, suona alla porta di casa Palamara, all'ultimo piano di un palazzo nell'elegante quartiere Parioli dove il magistrato vive con la moglie e due figli, esibendo un decreto di perquisizione e un avviso di garanzia per corruzione.

Di cosa si tratti lo vedremo, per ora basti dire che l'accusa principale e più grave – avere incassato soldi da una persona che Palamara non ha mai conosciuto (l'avvocato faccendiere Piero Amara) per la nomina mai avvenuta di Giancarlo Longo alla procura di Gela – durerà lo spazio di poche settimane, facendo sorgere il dubbio che fosse stata messa lì solo per giustificare l'introduzione del trojan nel cellulare. La cosa che ora ci interessa è che quella mattina finisce di esistere il «metodo Palamara» e inizia un'altra storia, che diventerà pubblica il 6 aprile dell'anno successivo, il 2020, quando vengono depositati a Perugia gli atti dell'inchiesta, migliaia di pagine con trascritti tutti i contenuti registrati dal trojan, i messaggini e le chat degli ultimi due anni estratti dal telefono.

Palamara finisce nudo agli occhi dell'opinione pubblica, alla quale vanno in pasto anche le sue conversazioni private con amici e amiche, una delle quali anche intima, e le chiacchiere con chi nulla c'entra con l'inchiesta, come Antonello Venditti e Claudio Ranieri, in quel momento allenatore della Roma. Ma soprattutto nuda finisce l'intera magistratura: tanti sono i colleghi coinvolti in richieste di favori professionali e personali e che con lui si accordano per nomine e spostamenti, che tra loro

Antefatto

si sgambettano e insultano. E poi emergono i rapporti non sempre limpidi con il mondo dell'informazione, le pressioni da e su quello della politica. Una babele di voci e una girandola di nomi, famosi e non, che terremota il Csm, procure e tribunali di tutta Italia, e che il 17 giugno farà parlare il presidente Mattarella di «modestia etica» e di «dilagante malcostume», aspetti emersi e che tuttavia «è impossibile attribuire alla magistratura nel suo complesso».

Ma questa vicenda, per quanto interessante e pruriginosa, è appunto la fine della storia, ed è ormai cronaca nota e sviscerata, almeno per gli addetti ai lavori. Che cosa è successo prima e prima ancora, indietro nel tempo fino ad arrivare alle ombre che ancora oggi avvolgono Tangentopoli? Ovvero, può essere, e se sì come, che il «metodo Palamara» abbia condizionato e magari orientato direttamente o indirettamente anche la vita politica? Può essere che il «malcostume» e la «modestia etica» di cui oggi parla Mattarella abbiano infettato, oltre alle nomine, anche inchieste e processi che negli ultimi vent'anni, da Mastella a Berlusconi, da Renzi a Salvini, hanno riguardato e riguardano vita e morte di governi legittimamente eletti?

Torniamo allora al giugno 2020 e alla mia richiesta di vedere Palamara. L'incontro avviene a Roma nell'abitazione privata di una mia collega, Anna Maria Greco, che da anni segue le vicende del Csm. Palamara, seduto sul divano, è un uomo nervoso e teso come raramente mi è capitato di vederne. Di lì a poco, oltre ai guai giudiziari, dovrà fare i conti con il fatto di essere prima espulso dall'Associazione nazionale magistrati, di cui era stato con vanto e orgoglio, a soli 39 anni, il presidente più giovane e più longevo della storia (mantenne la carica per quattro anni, dal 2008 al 2012), e poi radiato dalla magistratura al termine del processo più rapido e sommario mai fatto dalla commissione disciplinare del Csm a un collega.

L'esito di quell'incontro tra me e lui non era per nulla scontato. Palamara non l'avevo mai visto di persona se non nelle dirette televisive – da *Ballarò* di Giovanni Floris, ad *Anno Zero* di Michele Santoro e *Porta a Porta* di Bruno Vespa – che a cavallo del 2010 mandavano in onda lo scontro tra la magistratura e Silvio Berlusconi, allora capo del governo. Il mio posto era sempre sul lato destro dello studio, area governativa, lui era sempre di fronte a me, su quello sinistro riservato all'opposizione, come a voler raffigurare anche plasticamente da che parte politica stesse la magistratura in quella contesa. Ne erano volate, in quelle occasioni, di accuse tra me e lui, ma adesso eravamo in un'altra epoca e in un altro mondo. Per capire il quale, e uscire così dalla babele del trojan, era necessario – su questo abbiamo subito convenuto entrambi – riavvolgere il nastro e partire dall'inizio.

Novembre 2020. Luca Palamara percorre trecento chilometri sulla sua Smart nera e si presenta all'appuntamento concordato – un luogo della Versilia lontano da occhi indiscreti – carico di faldoni e appunti che riordina sul tavolo. A parte i pasti, frugali per via della dieta che si è imposto, e qualche camminata nei boschi, il suo racconto andrà avanti per giorni.

A.S.

Il tradimento
Un abbraccio e uno sguardo

A rigor di logica, è naturale pensare che la notte dell'Hotel Champagne non poteva essere un incidente di percorso, un unicum nella storia delle grandi nomine.

È innegabile che a partire da Violante, e, come vedremo, anche prima di lui, vi sia stata una cinghia di trasmissione tra politica e magistratura. La presenza con me di due politici, Lotti e Ferri, a una trattativa sulle nomine di magistrati potrebbe sembrare sconveniente. La verità è che dietro ogni nomina c'è un patteggiamento che coinvolge le correnti della magistratura, i membri laici del Csm e, direttamente o indirettamente, i loro referenti politici, e ciò è ampiamente documentabile.

Vuole sapere qual era stata, prima dell'Hotel Champagne, l'ultima cena privata cui Lotti aveva partecipato per una nomina eccellente?

Certo, interessante.

Quella per eleggere l'attuale vicepresidente del Csm, David Ermini, colui che, per intenderci, ha sovrinteso alla mia radiazione.

So che quello delle nomine sarà uno dei temi portanti della nostra conversazione. Ma prima di affrontare con ordine la sua vita e le sue imprese, restiamo su Lotti e, di necessità, su Renzi. Ho il sospetto che all'origine di quella che potremmo chiamare la sua disgrazia ci sia il suo rapporto con loro. Come nasce, come si sviluppa, chi si è servito di chi, e con quali risultati?

Per me è stato assolutamente fisiologico ritenere che magistratura e politica dovessero interfacciarsi. Lotti è un rappresentate del renzismo e quindi della maggioranza parlamentare che, in quel momento, ha il potere di «nominare» attraverso ulteriori mediazioni politiche una quota di membri laici che insieme a me siedono al Csm. Altrettanto fa l'opposizione che sceglie interlocutori diversi da me. Quello di cui parliamo non è un traffico illecito, tantomeno opaco, ma una questione politica e di interlocuzione tra poteri dello Stato. Loro arrivano al governo dalla mattina alla sera senza aver mai messo il piede fuori da Firenze e cercano a Roma una sponda nel «Sistema» con il quale, come vedremo, vanno subito in conflitto.

Il «Sistema» di cui lei è parte integrante...
Il «Sistema» che cercherò di raccontare in questo libro. Per ora diciamo che io per natura sono un pontiere, colui che crea ponti tra quel sistema – il sistema di potere della magistratura – e la politica. Renzi e Lotti hanno il potere politico, io le conoscenze e un bel pacchetto di voti da mettere sul tavolo delle nomine che contano in magistratura.

Un po' per scelta, un po' per caso, per curiosità o convenienza, sta di fatto che incrocio Luca Lotti, uomo ombra di Renzi. Ci accomuna la passione per il calcio; la sua parlata toscana agevola la confidenza la sera a tavola, dove non mancano mai buona carne e una bottiglia di vino rosso. Oggi tutti gli girano al largo, ma fino al 2018 Lotti era l'uomo più ricercato anche da tanti magistrati. Ma in questa storia un posto importante lo gioca un terzo commensale, anche lui toscano, di Pontremoli, anche lui magistrato, anche lui signore delle correnti: Cosimo Ferri.

Cosimo Ferri – figlio di Enrico, il ministro di De Mita che si inventò il limite dei 110 all'ora in autostrada, scomparso di recente – sottosegretario alla Giustizia sia con Letta sia con Renzi e Gentiloni, leader di Magistratura indipendente, detentore del record di preferenze alle elezioni dell'Associazione nazionale magistrati.

Proprio lui. Un bel curriculum, non c'è che dire. Ma con un grosso neo: la sua corrente di destra fino a quel punto era stata tenuta, non dico fuori, ma ai margini del «Sistema» monopolizzato dall'asse tra la mia Unità per la Costituzione e la sinistra di Magistratura democratica. Parla oggi, parla domani, mi convinco che è giunta l'ora di ribaltare il tavolo e liberarsi del giogo della sinistra giudiziaria o, più correttamente, del massimalismo giustizialista, un sogno che inseguivo da sempre ma che non avevo mai avuto l'occasione di realizzare. Il battesimo del fuoco è la scelta del presidente del tribunale di Firenze, corre l'anno 2015.

Firenze forse non a caso. È il feudo di Renzi, e pure la roccaforte della corrente di Ferri.

Il fattore campo non conta solo nel calcio. Tre sono i candidati, o meglio le candidate, una per corrente: Antonietta Fiorillo per Magistratura indipendente, Marilena Rizzo per Unicost, Giuliana Civinini per Magistratura democratica. Parlo con Ferri e con Giuseppe Fanfani, nipote di tanto zio, ex sindaco di Arezzo, deputato Pd e membro laico del Csm in quota renziana, e parte il ribaltone. Invece della Civinini, come tutti si aspettavano, il 3 novembre 2015, al plenum del Csm, per la prima volta noi di Unicost e Magistratura indipendente votiamo insieme contro la candidata della sinistra: Marilena Rizzo viene nominata presidente con 14 voti contro i 10 della Civinini. Da quel momento cambia la musica, capisco che c'è un nuovo blocco in grado di tagliare fuori all'interno della magistratura la sinistra giudiziaria legata al vecchio Pd, quella, per intenderci, che nel campo delle inchieste stava alle calcagna di Renzi. È un accordo veramente politico, per ora su una nomina marginale, ma reggerà per più di quattro anni.

Un accordo che, casualmente, ha portato Ferri nel 2018 in Parlamento con il Pd renziano e lei nel 2020 sotto processo. Qualche cosa non ha funzionato.

Ci arriveremo. Ha presente le parole della *Locomotiva* di Guccini? «E intanto corre corre corre sempre più forte, e corre corre corre corre verso la morte...» In questa corsa senza freni provo il colpo della vita: applicare il modello

Firenze per conquistare il vertice della magistratura italiana. Siamo nel 2017, ci sono da eleggere i nuovi procuratore generale e primo presidente della Cassazione, fondamentali non solo per il destino delle vicende processuali ma anche perché siedono di diritto nel plenum del Csm, dove si decide tutto, dalle nomine alle sanzioni.

Un duplice assalto, alla Cassazione e al Csm.

Un azzardo, perché nel frattempo è iniziata la parabola discendente di Renzi, che dopo la sconfitta nel referendum costituzionale del dicembre 2016 non è più presidente del Consiglio. Giovanni Legnini, vicepresidente del Csm, area Magistratura democratica, ha un nome in testa ma non ha i voti necessari. Il nome è quello di Giovanni Salvi, fratello di Cesare, già senatore e ministro, leader del variegato mondo dei reduci del Pci nei primi anni Duemila. Per blandirmi, Legnini mi propone di presiedere la commissione, la quinta, che dovrà decidere su quella nomina. Io sto al gioco, accetto e in giugno – ce n'è traccia sul mio cellulare – vedo Giovanni Salvi, che mi invita su una splendida terrazza di un lussuoso albergo romano nei pressi di corso Vittorio Emanuele.

Un candidato che incontra privatamente il presidente designato della commissione che dovrà giudicarlo?

Appunto, nella vita dei comuni mortali capita che se lo fanno un politico su una nomina pubblica o un imprenditore su un appalto finiscono diritti sotto inchiesta, se lo fa un magistrato nulla da dire. Comunque mi trovo tra due fuochi, perché conosco Salvi e sono consapevole che è una persona interessante e preparata, forse più del mio candidato Riccardo Fuzio, al quale sono legato da un'antica amicizia e che appartiene alla mia stessa corrente. Privilegiare il merito o l'appartenenza? Ho sempre cercato, nelle mie scelte, di non andare mai al ribasso, ma in quest'occasione supero i dubbi e decido di puntare su Fuzio. Su quella terrazza non mi sbilancio, Legnini intuisce le mie intenzioni e, in occasione di un nostro viaggio a Gerusalemme, mi avvisa: «Non facciamo scherzi, su Salvi ho preso un impegno con il Quirinale che chiede di andare in questa direzione». Sono in difficoltà, è la partita più delicata della mia vita. Per raggiungere l'obiettivo devo rompere sia con Legnini, avversario ma compagno di strada di una vita, sia con la regina del salotto del Csm Paola Balducci, consigliera laica in quota Verdi, da sempre aspirante a incarichi politici e fino a quel momento a me molto vicina. Stefano Erbani, consigliere giuridico di Mattarella, è preoccupato. Ci incontriamo al Quirinale insieme a Legnini, mi avvertono che una svolta come quella che ho in testa sarebbe pericolosa per tutti. Per di più c'è contemporaneamente in gioco la nomina del primo presidente della Cassazione, e anche lì, per rafforzare la candidatura di Fuzio, decido di puntare su Giovanni Mammone di Magistratura indipendente. Non è mai accaduto, mi dicono, che alla corrente di Area (come si chiama dal 2012 il raggruppamento di sinistra di cui è parte integrante Magistratura democratica) non venga assegnata almeno una delle due cariche. Oggi, per inciso, entrambe le cariche sono appannaggio di Area.

Vuole la doppietta.

Esatto. E come dimostra questa vicenda, per accordarsi non serve sedersi necessariamente in otto allo stesso tavolo, come la sera dell'Hotel Champagne che ha creato tanto scandalo. Le persone coinvolte in una nomina sono sempre state tante, colleghi e politici. Si incrociano incontri e telefonate con altri attori che a loro volta fanno lo stesso lavoro, quello di costruire una nomina che regga la prova del voto. Solo uno stupido può pensare che Palamara abbia fatto tutto da solo. E quindi in quel momento parlo, all'insaputa di tutti, anche con Fanfani, il referente politico dei renziani nel Csm: «Che facciamo, andiamo su Fuzio?». Lui non ha dubbi: «A questo punto,» mi dice «non possiamo più fermarci, spingi sull'acceleratore, vedrai che reggiamo, su Fuzio e anche su Mammone». La sera prima della votazione, mi chiama Legnini: «Domani devo andare da Mattarella, ti prego solo di una cosa, di non farmi fare una figuraccia con il presidente. Io devo sapere come finirà, comunque vada». Metto in campo tutto il cinismo di cui sono capace, e per non creare allarmi gli faccio credere di avere in tasca solo due voti su sei, quindi può stare tranquillo. Lui, saprò poi, se la vende così con il Quirinale e, sicuro, convoco la commissione. È il 14 dicembre 2017, finisce con quattro voti a Fuzio, uno a Salvi e un astenuto. Fuzio è il nuovo procuratore generale della Cassazione, Mammone il primo presidente.

Pensa di aver firmato quel giorno la sua condanna a morte?
Penso di sì, e la sentenza mi arriva la sera stessa. Ma prima mi faccia dire che se sono andato avanti è perché non ho mai pensato di mancare di rispetto al presidente Mattarella. Sarebbe bastato un suo input, come avveniva ai tempi di Napolitano: avrei capito e mi sarei fermato. Non è arrivato e sono andato avanti. Io degli intermediari non mi fido fino in fondo, a quei livelli ognuno fa il suo gioco, e non sempre è un gioco leale e trasparente.

Sta dicendo che se Mattarella l'avesse chiamata...
Normalmente funziona che se le correnti si accordano su un nome può candidarsi anche Calamandrei, padre del diritto, ma non avrà alcuna possibilità di essere preso in considerazione. Paradossi a parte, certo che se ti chiama il presidente lo stai ad ascoltare e alla fine ti adegui, non prima di avergli spiegato le tue ragioni.

Torniamo alla sentenza di morte che le hanno recapitato quel giorno.
Dopo la votazione al Csm che incorona Fuzio raggiungo il vicepresidente Legnini a Chieti per partecipare a un convegno. Mi insulta, si sfoga: «Tu mi hai umiliato agli occhi del Quirinale, penseranno che io non conto nulla, non finirà qui». Incasso e al rientro a Roma vado a trovare il procuratore capo Giuseppe Pignatone, che viveva, per motivi di sicurezza, in un triste bilocale dentro una caserma dei Carabinieri. Pignatone aveva seguito tutta la

Il tradimento

vicenda e sapeva nei dettagli quello che avevo fatto e con chi l'avevo fatto. Mi accoglie con una confidenza inconsueta, ricordo perfettamente le sue parole: «Complimenti, hai fatto una cosa epocale». Parliamo per oltre un'ora e, al momento del congedo, fa due cose che non aveva mai fatto in tanti anni di frequentazione assidua: mi guarda diritto negli occhi come solo un siciliano sa fare e mi abbraccia. Io esco sul pianerottolo per chiamare l'ascensore, lui sulla porta mi dice: «Scusa Luca, dimenticavo, ti devo dire una cosa: con la Guardia di Finanza abbiamo fatto degli accertamenti su un albergo e risulta che una notte tu hai dormito lì con una donna che non è tua moglie». Io resto impietrito qualche secondo, poi mi viene un: «Scusa? Grazie che me lo dici, ma arriviamo a questo, a con chi dormo?». E lui, come ho già dichiarato durante il mio interrogatorio a Perugia, mi risponde così: «No, è che stiamo indagando sul tuo amico Fabrizio Centofanti e c'è il sospetto che lui abbia sostenuto le tue spese». E io: «Ma che dici, pensi che abbia bisogno di qualcuno che mi paghi una stanza d'albergo? Sono in grado di giustificare ogni mia spesa, lui mi ha garantito solo riservatezza». Lo vedo imbarazzato: «No, certo che no. Ma è una situazione delicata, vedremo, vedremo... Ne parleremo con calma».

Entro in ascensore, le porte si chiudono. Il primo pensiero – io amo la sintesi – è semplice: «Sono finito». Ci sono tutti gli elementi dell'imboscata fatale: il magistrato, l'amante, l'imprenditore famoso che finisce nei guai. Nel giorno del mio massimo successo, il «Sistema», con la faccia gentile di Pignatone, mi annuncia che sono arrivato al capolinea.

E lei cosa fa?
Non ci crederà, ma in quel momento mi preoccupo solo di una cosa. Io ho moglie e figli, mi chiedo come e quando questa vicenda sarà pubblica e che impatto avrà sulla mia famiglia. Il giorno dopo chiamo la donna che era con me quella sera in hotel e la cui privacy volevo ugualmente tutelare a ogni costo, mangiamo una pizza insieme e le dico: «Mi spiace, è finita». E lei: «Ma perché, cosa ho fatto di male?». La gelo: «Non è finita per te o per noi, è finita per me».

Lei è sempre stato certo che la vicenda sarebbe diventata pubblica.
Era ovvio che da questa storia non si poteva scappare, che il percorso era segnato, che era solo una questione di tempo. Ma io quel tempo, tanto o poco che fosse, me lo volevo giocare tutto e fino in fondo, a prescindere da Centofanti.

Ha avuto la sensazione di essere stato usato e scaricato?
Prima di quella sera no, dopo quella sera ho avuto qualche dubbio. Oggi è una certezza e continuo a chiedermi: perché Pignatone è stato a quel gioco, era davvero un uomo libero quando l'ha fatto o era ostaggio di qualcuno? Forse quel giorno avrei dovuto dimettermi da tutto, non avrei

fermato completamente la valanga, ma sicuramente le cose sarebbero andate diversamente. E invece, da vero matto, mi gioco le partite finali: quella vinta – far diventare David Ermini vicepresidente del Csm – e quella del successore di Pignatone come procuratore capo di Roma. Per fermarmi, insomma, c'era un solo modo: farmi saltare in aria. Quando ho toccato il cielo, il «Sistema» ha deciso che dovevo andare all'inferno. Ed è quello che è successo. Me lo meritavo? Non importa, è successo.

E allora andiamo avanti: che succede dopo?
Niente, per quasi due anni assolutamente niente. E questa è la grande ipocrisia che allora mi fece comodo, ma che oggi trovo inaccettabile.

Di lì a due mesi, il 6 febbraio 2018, la procura di Roma arresta per corruzione Fabrizio Centofanti, imprenditore lobbista molto vicino al Pd.
È chiaro che dal quel momento il mio passato sarà setacciato e il mio presente attenzionato, ma di questo non ho paura. Io so benissimo quello che ho fatto e perché l'ho fatto, tutto ha una spiegazione e di ogni cosa sarò in grado di fornire una giustificazione. Ho conosciuto Centofanti nel 2007 perché lui frequentava mia sorella. All'epoca rivestiva il ruolo di capo delle relazioni istituzionali della società Acqua Marcia. Successivamente ha iniziato a mettersi in proprio, organizzando con una sua società anche convegni per magistrati amministrativi. In quel contesto l'ho frequen-

25

tato con tanti altri magistrati (fino alla fine del 2016, anno di inizio delle indagini su di lui, anche con il procuratore di Roma Pignatone), politici (in particolare del Pd, compreso Nicola Zingaretti), esponenti delle istituzioni e alti ufficiali della Guardia di Finanza. Tutto alla luce del sole e tutto documentabile. Quando parte l'inchiesta, Pignatone mi avvisa del rischio, ma molto serenamente gli dico che non cambierò le mie abitudini, in quel momento non sono più pubblico ministero alla procura di Roma e non vedo conflitti. So che la mia vita professionale rimarrà separata da quella privata, che tra l'altro coinvolge in quel momento la mia relazione sentimentale parallela. Quando apprendo dell'indagine capisco che rischio di essere in qualche modo coinvolto, non certo per i reati che vengono contestati a Centofanti. Tanto è vero che nell'informativa su di me che il 3 maggio 2018 viene mandata alla procura di Perugia, competente sui magistrati di Roma, ci sono 7900 euro di pagamenti per viaggi nell'arco di sei anni – le cui spese io so di aver personalmente sostenuto – oltre al pagamento per il rifacimento della veranda nella casa della persona in quel momento a me vicina.

Lei era conoscenza di tutto ciò?

È ovvio che io non dovrei né potrei sapere nulla, come qualsiasi persona sotto indagine. Ma io so tutto in tempo reale e ne parlo anche, il 15 giugno 2018, nel mio ufficio al Csm, con chi mi sta indagando, il procuratore di Perugia, Luigi De Ficchy (che, intreccio nell'intreccio, è stato pure lui molto amico di Centofanti). Il clima attorno a me si avvelena; sempre in quei giorni, ne parlo con il procuratore di Roma Giuseppe Pignatone e con il procuratore generale della Cassazione, Riccardo Fuzio, nell'ufficio di quest'ultimo. Li avviso: non intendo stare sotto ricatto, ditemi cosa devo fare. Non solo nessuno mi prende per un orecchio e mi dice: «Luca, è finita, spostati», ma tutti, proprio tutti i vertici dell'Anm e del Csm continuano a frequentarmi e consultarmi come se nulla fosse e io continuo a essere il punto di riferimento per qualsiasi nomina, come ben risulta dalle chat.

Nessuno osa toccarla forse perché di lì a poco, se non sbaglio in ottobre, scade il suo mandato al Csm: meglio evitare scandali.

Questo è vero, e per me è un problema in più.

Il ricatto
La cena segreta e la telefonata pizzino

Torniamo indietro nel tempo. Come si fa a diventare uno degli uomini più potenti della magistratura italiana?

Sono nato a Roma il 22 aprile 1969, mio padre Rocco era un importante magistrato di origine calabrese molto legato alla sua terra, dove tornava, anche con me e mia sorella bambini, ogni volta che riusciva a ritagliarsi del tempo libero. Il piccolo paese dove nacque e dal quale emigrò a Roma con una valigia di cartone negli anni Cinquanta, Santa Cristina d'Aspromonte, abbarbicato su una montagna impervia che guarda la piana di Gioia Tauro, alla sua morte – avvenuta prematuramente nel 1988 a soli 61 anni – per affetto e riconoscenza gli ha intitolato una strada. Mia madre è un'insegnante di origini abruzzesi che ha passato la vita a combattere una brutta forma di depressione. Il giorno in cui mio padre morì fulminato da un infarto sul lavoro, mentre stava chiudendo un importante trattato di estradizione con gli Stati Uniti d'America, io avevo solo 19 anni. Proprio quella mattina, forse un segno del destino, aprivo per la prima volta, convinto di dover studiare, il libro di diritto romano, primo esame del primo anno di Giurisprudenza. In quel momento non potevo immaginare che, anni dopo, sarei stato io a decidere, insieme a pochi altri, il nome del vicepresidente del Consiglio superiore della magistratura, numero due, dopo il capo dello Stato, dell'organismo di autogoverno dei giudici.

Per la verità lei si è vantato di averne eletti ben tre di vicepresidenti.

Ed è vero, ma mi lasci fare una premessa. Ai tempi di mio padre, quel ruolo era ricoperto da persone del calibro del professor Vittorio Bachelet, un gigante della cultura giuridica ucciso dalle Brigate Rosse nel 1980. Davanti a una figura come Bachelet chiunque si sarebbe dovuto inchinare. Nel periodo che ho vissuto io, senza voler offendere nessuno, il livello non è stato lo stesso e ricorrere a mediazioni e patteggiamenti è stato inevitabile.

Cosa intende?

La prima volta, nel 2010, da presidente dell'Associazione nazionale magistrati, lavoro per portare al successo la candidatura di Michele Vietti, un onesto politico dell'Udc di Pierferdinando Casini, sostenuto anche dal Pd. Ma diciamo che in quell'occasione sto ancora imparando, l'elezione del vicepresidente del Csm è davvero una bella scuola.

Nel senso...

Nel senso che la squadra che compone il Csm, e che cambia ogni quattro anni, è composta – oltre che dai due membri di diritto, il procuratore generale e il primo presidente della Corte di Cassazione – da 16 togati eletti dalle correnti della magistratura e da 8 laici eletti dal Parlamento, tra i quali andrà poi scelto il vicepresidente. È quindi il massimo dell'incrocio di interessi tra magistratura e politica, le interferenze e le pressioni reciproche sono molto forti. È il momento in cui il potere esprime il massimo delle sue doti, nobili e meno nobili. Per esempio, per un magistrato entrare nel Csm significa più o meno raddoppiare per quattro anni il proprio stipendio medio di seimila euro e godere di una corsia preferenziale al momento della ripresa della carriera.

Veniamo al secondo vicepresidente dell'era Palamara.
Giovanni Legnini, 2014, anno uno dell'era Renzi. Io sono stato eletto al Csm e un comune amico, Franco Marini, già presidente del Senato e nel 2013 vicinissimo a diventare presidente della Repubblica – non fu eletto al primo scrutinio per pochi voti – mi presenta tale Luca Lotti, sottosegretario alla presidenza del consiglio del governo Renzi.

Tra lei e Lotti scatta l'amore a prima vista?
Sicuramente scatta un buon feeling, del resto lui sa che io al Csm controllo i cinque voti della mia corrente Unicost, che sono più di un terzo di quelli necessari per eleggere il vicepresidente. E in più sono in grado di fare da pontiere con le altre correnti. Lotti, come molti altri politici prima di lui, capisce al volo l'importanza strategica del mio ruolo all'interno della magistratura.

E lei capisce l'importanza del ruolo di Lotti.
È il nuovo che avanza. La corrente di sinistra dei magistrati, il raggruppamento Area che ha al suo interno anche Magistratura democratica, la più ideologica e veterocomunista delle correnti, è ancorata sulla sua storica sponda politica, che è la vecchia classe dirigente del Pd messa in quel momento all'angolo dal rottamatore Renzi. Lotti mi sembra una buona occasione per giocare d'anticipo e aprire nuove strade.

Sponda politica. Di Pietro – per stare in tema – direbbe: «Che ci azzecca?».
Ci azzecca, tanto è vero che lui ha fatto il ministro e non so quante volte il senatore. Ma, Di Pietro a parte, la magistratura ha bisogno della politica e viceversa, a volte questo avviene in chiaro, altre no. Se andiamo con ordine ci arriviamo, e pure in modo documentale.

Giusto. Torniamo a Lotti.
Dunque dico a Lotti: fammi sapere se il Pd ha un candidato o chi intende votare. Io sapevo che sia da quelle parti sia da quelle di Magistratura democratica girava il nome di Massimo Brutti, persona molto stimata e qualificata, comunista della prima ora, più volte senatore del Pd, sottosegretario, già membro del Csm anni prima e responsabile per la giustizia del suo partito.

Un curriculum eccellente con un piccolo neo: era stato di tutto fuorché renziano.

Il ricatto

E infatti poco dopo Lotti mi telefona: «All'interno del Partito democratico abbiamo trovato una mediazione con l'ala bersaniana. Siete in grado di sostenere la candidatura di Giovanni Legnini?». Il nome mi diceva poco, sapevo giusto che era un politico del Pd cresciuto nell'ala bersaniana, poi sottosegretario sia nel governo Letta sia in quello Renzi. Studio la pratica e sondo Valerio Fracassi, leader della corrente di sinistra Area. Non mi sembra entusiasta, ma da altri segnali che ricevo mi faccio l'idea che la partita sia aperta e che la si possa giocare. Una sera mi chiama Lotti e mi dice: «Io sto andando dal ministro della Giustizia Andrea Orlando per coinvolgerlo, tieni libero il telefonino». Che poco dopo squilla: «Secondo te,» mi chiede Orlando che già da tempo conoscevo «davvero avete i voti per eleggere Legnini?». Io lo rassicuro: «Si può fare, ministro». Non mi risulta che lui sia stato contento della mia risposta, più probabilmente Lotti voleva solo metterlo davanti al fatto compiuto. Orlando capisce bene la situazione e non ci sta. Scatta un derby interno al Pd nel quale mi trovo «involontariamente» in mezzo. La risposta di Orlando alla scelta di Legnini sarà una professoressa napoletana, Teresa Bene, che i meglio informati considerano molto vicina ai magistrati napoletani, tra cui Giovanni Melillo, capo di gabinetto del ministro Orlando. La sua esperienza al Csm però sarà sfortunata: durerà solo pochi giorni perché sprovvista dei requisiti richiesti dalla Costituzione per entrare nel Consiglio.

Mentre la candidatura Legnini va in porto...
Quando il gioco di sponda viene bene la palla va sempre in buca. Giovanni Legnini sarà il nuovo vicepresidente del Csm e in questa storia l'abbiamo incrociato e lo incroceremo diverse volte, anche a proposito dell'inchiesta su Matteo Salvini. Ma per rimanere sul Csm, la vera carambola, quattro anni dopo, sarà l'elezione successiva, quella di David Ermini, oggi ancora in carica.

David Ermini, 61 anni, avvocato di Figline Valdarno, presidente del consiglio provinciale renziano di Firenze dal 2004 al 2009, eletto deputato nel 2013.
Esatto, proprio lui. Non stiamo parlando di Vittorio Bachelet.

Se ne faccia una ragione, l'ha portato lei.
Io la ragione me la faccio. Siamo nel 2018, a marzo si vota alle elezioni politiche, e sappiamo com'è andata, a luglio per il nuovo Csm. Cambia il mondo, e io al nuovo mondo sono completamente estraneo. Mi salva una cosa.

Quale?
Che la rivoluzione avvenuta in politica, con il successo dei Cinque Stelle e della Lega, nelle elezioni per i membri togati del Csm è meno marcata. È vero che Piercamillo Davigo, dato come vicino ai grillini, ha un successo personale rilevante, ma la sua lista non decolla.

In che senso?

Il risultato è: cinque togati vanno alla mia corrente Unicost, cinque a Magistratura indipendente, la corrente di destra che fa capo a Cosimo Ferri, quattro ad Area, la sinistra controllata da Giuseppe Cascini, e due alla nuova corrente di Davigo, Autonomia e Indipendenza, lui e Sebastiano Ardita. Tra i membri laici nominati dal nuovo Parlamento invece lo scossone è forte: tre spettano ai Cinque Stelle, due alla Lega, due a Forza Italia e uno solo al Pd.

Troppi numeri, non ci si raccapezza.

Traduco. Dopo il governo, i grillini, per via del gioco delle alleanze, hanno la possibilità d i occupare anche la magistratura, nominando un loro vicepresidente del Csm.

Insomma, l'aria è cambiata.

Altroché. Per tutta la campagna elettorale che precede le elezioni interne alla magistratura per i membri togati del Csm, Davigo ha goduto di grandi spazi sia su La7 sia sul «Fatto Quotidiano» e, più Ardita che lui, nelle iniziative della Casaleggio Associati. Sembrava una manovra a tenaglia – ma di questo avremo modo di riparlare – per prendere contemporaneamente governo e Csm. Addirittura, Giuseppe Cascini, il nuovo leader di Area, mi chiede di intervenire su Enrico Mentana per limitare le apparizioni di Davigo, cosa che io mi guardo bene dal fare.

Situazione complicata.
Di più. Una mattina vengo raggiunto da una telefonata del nuovo segretario del Pd Maurizio Martina, che da poco aveva preso il posto di Renzi. Mi chiede se la mia corrente sarebbe o sarebbe stata disposta a sostenere un nome molto conosciuto in ambito giuridico, quello di Massimo Luciani, presidente dei costituzionalisti italiani. Non mi trova impreparato, sia i miei colleghi di corrente Unicost, Pina Casella e Roberto Carrelli Palombi, sia quello di Area, Giuseppe Cascini, erano già stati sondati in tal senso.

Non andrà così.
No, io parlo con Lotti, che è contrario, e prendo tempo. Sta di fatto che il Pd, nella votazione in Parlamento dei membri laici per il Csm, molla Luciani e salta a sorpresa su David Ermini, il renziano.

Sorpreso anche lei?
Devo dire che Lotti e Renzi sono stati bravi a gestire la confusione che in quel momento regnava nel Pd, nonostante il partito non fosse più sotto il loro pieno controllo dopo la sconfitta elettorale. Sia io sia Ferri ci aspettavamo qualche cosa del genere.

Quindi puntate su Ermini.
Siamo consci della sua debolezza di curriculum, ma ci organizziamo per portarlo al traguardo della vicepresidenza. E siamo consci delle difficoltà. In quei giorni, in seno

alla prima commissione del Csm si stava discutendo dell'opportunità di svolgere accertamenti nei confronti dei magistrati coinvolti nell'inchiesta sul depistaggio nel primo processo Borsellino. Mentre mi sto imbarcando su un volo per Palermo per ricordare la strage di via D'Amelio, mi chiama furibondo Cascini: «Di' ai tuoi amici renziani che Ermini noi di Area non lo voteremo mai». Io gli rispondo: «Se volevate Luciani dovevate dire ai vostri amici del Pd di svegliarsi prima». Ormai è ovvio che si va alla guerra.

La corrente di sinistra di Cascini che si allea con quella filogrillina di Davigo contro il centro di Palamara e la destra di Ferri, con Renzi a giocare in mezzo. È un'anticipazione di quello che solo un anno dopo avverrà in politica con il governo giallorosso.

La magistratura segue le stesse logiche della politica, a volte addirittura le anticipa. Solo con Berlusconi non è avvenuto, ma questo è un lungo discorso che ha radici ideologiche, politiche e culturali profonde e avremo modo di parlarne. Io ho agito in una logica in cui il rafforzamento della posizione mia e del mio gruppo di appartenenza avrebbe potuto ampliare il consenso interno. E in quel momento l'obiettivo mio coincideva con quello di Ferri e Lotti: sbarrare la strada all'ascesa dei Cinque Stelle nel governo della magistratura, e se per farlo occorreva puntare su Ermini, era il benvenuto. La politica – lo ha insegnato un grande intellettuale come Canetti – ha anche un lato oscuro. Fuor di metafora, in alcuni casi le nomine hanno seguito solo logiche di potere. Anche se con il senno di poi non ci è convenuto, e comunque l'abbiamo pagata cara.

Quindi che accade?
Ci sono molte interferenze, un tentativo di dividermi da Ferri. Direttamente e indirettamente vengo avvicinato sia da Fulvio Gigliotti, uno sconosciuto professore calabrese uscito per magia, nella migliore delle ipotesi, dalle primarie che i Cinque Stelle avevano indetto su Internet per scegliere i candidati al Csm, sia da Alessio Lanzi, laico di Forza Italia, che in effetti poteva essere una più che valida alternativa. Ma ormai l'operazione Ermini era andata molto avanti, cosa che spiegai sia a Lanzi stesso in un pranzo sia a Claudio Galoppi, allora consigliere della presidente del Senato Casellati, che lo sponsorizzava.

Veniamo al dunque. Lei incontrò Ermini?
Certo, mi cerca lui, ce n'è traccia sul mio telefonino. Ci vediamo una prima volta nel mio ufficio, ma il «dunque» che dice lei accade il 25 settembre. C'è una cena a casa di Giuseppe Fanfani, membro del Csm in quota renziana. Siamo invitati io, Ferri ed Ermini per chiudere il cerchio. Io e Ferri chiediamo all'ultimo al padrone di casa se può venire anche Lotti, lui non obietta né tantomeno obietta il vicepresidente in pectore Ermini. L'oggetto della cena sono i numeri: siamo sicuri che su Ermini raggiungiamo i fatidici tredici?

Una cena tipo Hotel Champagne.
Esatto. Il futuro, oggi in carica, vicepresidente del Csm è a tavola con un politico indagato, Luca Lotti, con un magistrato del Csm, il sottoscritto – che lui ben sapeva essere indagato, perché, anche se la notizia non era ancora stata pubblicata dai giornali, nel nostro mondo era stranota –, e con un fresco onorevole del Pd, Cosimo Ferri, per farsi eleggere al vertice della magistratura libera e indipendente. Ma c'è di più.

Tipo?
Facciamo e rifacciamo i conti e avviso Ermini: per essere sicuri di arrivare a tredici dovrà votarsi anche lui. So che non è bello – gli dico – ma così è. E lui lo farà.

Come finisce quella sera?
Con una stretta di mano per suggellare un patto. Prima di lasciarci racconto che la sera precedente, alla cena di addio del vicepresidente uscente Legnini, che si era tenuta al circolo della Guardia di Finanza di Roma, il professor Guido Alpa, maestro e amico sia del presidente Giuseppe Conte sia del ministro della Giustizia Alfonso Bonafede, parlando dell'imminente nomina del Csm mi fa il nome, con una certa insistenza, del professor Alberto Benedetti, consigliere laico in quota Cinque Stelle e a suo dire molto gradito al Quirinale. Benedetti in effetti è il candidato contrapposto a Ermini del blocco che si era formato tra Davigo e la corrente di sinistra di Area, un blocco che aveva esattamente gli stessi nostri voti: tredici.

Lei se la sentiva di andare contro il Quirinale?
Presi una precauzione. Parlai separatamente con i consiglieri del presidente Mattarella, Simone Guerrini e Gianfranco Astori, per comunicare le nostre intenzioni. Lo feci sapendo che se il presidente fosse stato assolutamente contrario avrei ricevuto nel giro di poche ore un segnale di ritorno.

Avvenne?
No, non avvenne. Peraltro io mi interfacciavo con Astori e Guerrini a causa dello scarso feeling che avevo con Stefano Erbani, consigliere giuridico di Mattarella che, in occasione del nostro commiato dal Csm, in una cena organizzata da Legnini, mi saluta, tra il serio e il faceto, con una frase sibillina: «Finalmente la finirai di fare danni». Come si evince dalla mia chat con Valerio Fracassi, tra di noi si era creata della ruggine per via della nomina del vice segretario generale del Csm, a cui lui teneva particolarmente, e perché a suo dire nella mia consiliatura avevo penalizzato noti esponenti di Magistratura democratica, tra cui Elisabetta Cesqui e Giovanni Salvi.

Una profezia. Non si è allarmato?
In quel momento sono concentrato sull'obiettivo, al voto mancava solo un giorno, lo passo al telefono a tenere uniti i miei. Nel pomeriggio incontro la presidente del Senato Maria Elisabetta Alberti Casellati. A sera ricevo una telefonata di Gianni Letta che mi chiede se ci sono le condizioni

per cambiare in corsa Ermini con Lanzi, ma ormai è troppo tardi per fare qualsiasi cosa. Poco dopo ricevo un'altra telefonata.

Da chi?
È Marco Lillo del «Fatto Quotidiano», giornalista che ben conosco ma con il quale avevo interrotto i rapporti da molti anni. Mi dice: «Abbiamo la notizia dell'indagine che ti riguarda, domani andiamo in stampa». E a me cade il mondo addosso.

In effetti c'è un tempismo sospetto, addirittura inquietante.
È una vera porcata, ma non me la prendo con Marco Lillo, che fa il suo mestiere. Nel giorno dello scontro decisivo qualcuno mi vuole azzoppare, sperando così di ribaltare il risultato della votazione per il vicepresidente del Csm e spianare la strada al candidato grillino.

A chi si riferisce?
La prima telefonata la faccio al leader della corrente di sinistra Cascini, mio avversario in questa nomina. È una telefonata concitata, mi sento tradito sul piano personale e non glielo nascondo. La seconda è con il procuratore capo di Roma, Giuseppe Pignatone, non estraneo né al gioco delle nomine né, ovviamente, alla mia vicenda giudiziaria: «Questi sono i risultati» gli dico «della vostra curiosità nel sapere con chi vado a letto», alludendo all'informativa – da lui gestita – che due anni prima aveva dato

il via all'indagine su di me. La terza telefonata è a Riccardo Fuzio, procuratore generale della Cassazione, la più alta carica della magistratura italiana. Abbiamo fatto pezzi di strada insieme, sento di fidarmi. Lui mi ascolta, mi invita a mangiare una pizza al Fleming e cerca di tranquillizzarmi.

Ci riesce?

In un certo senso sì. Torno a casa e convoco qualche amico da me in attesa dell'edizione online del «Fatto Quotidiano». Quando arriva tiro un sospiro di sollievo: «Veleni al Csm sulla nomina di Ermini». Il titolo non punta direttamente sulla notizia che sono indagato, il senso dell'articolo è che Palamara è vittima dei giochi e delle vendette tra correnti sulla nomina di Ermini.

Poteva andare peggio.

Sì, e quella notte dico ai miei: se questo è il clima domani mattina dobbiamo essere ancora più uniti e determinati su Ermini. Cosa che accade. Forse senza quell'articolo, che si poteva classificare come un pizzino ricattatorio rivolto a me ma non solo a me, qualcuno dei miei avrebbe potuto disertare.

Come finisce?

Tredici a tredici, ma essendo Ermini più anziano di Benedetti, il nuovo vicepresidente del Csm è lui.

Se capisco bene, lei, Lotti e Ferri, i tre impresentabili mostri dell'Hotel Champagne, avete eletto, lui consenziente, l'attuale presidente del Csm nonché vice di Mattarella alla guida della magistratura italiana?

Le ripeto: tutti i nomi che ho scelto non mi sono stati mai imposti da nessuno, ma sul nome di Ermini, al quale io personalmente dopo la nomina non ho mai chiesto nulla, c'è stata una convergenza tra politica e magistratura, come sempre è accaduto in occasione delle elezioni del vicepresidente del Csm. Questa è storia, nessuno può smentire una virgola di questa ricostruzione. Ma sa cosa mi spiace? Non tanto che Ermini poi ci abbia scaricato e si sia messo a flirtare con Davigo e le correnti di sinistra che si ispirano al massimalismo giustizialista. È che non si vuole riconoscere che è esistito ed esiste un sistema, ripeto questa parola, «Sistema», che va oltre Palamara e che ha condizionato tutte le nomine.

E anche le inchieste?
Se vuole glielo racconto.

Il vivaio
Come educare i magistrati da piccoli

Quello di magistrato è un mestiere che si tramanda di padre in figlio?
A nessuno può e deve essere preclusa la possibilità di diventarlo. Io sono rimasto orfano a 19 anni, e la morte di mio padre rappresentò uno shock violento nella mia vita. Ero visceralmente legato a lui: per me rappresentava una montagna che mi preservava da qualsiasi folata di vento, ma soprattutto un esempio da imitare per la passione che nutriva per il lavoro del magistrato. Il giorno dei suoi funerali, l'allora ministro dell'Interno Amintore Fanfani mi chiama da parte e mi dice che l'amministrazione è pronta ad accogliermi nella Polizia. La tanto vituperata Prima Repubblica era anche questo. Lo ringrazio per il sostegno ma declino l'offerta, perché nella mia testa è scattata una molla: anch'io voglio entrare in magistratura. Per un mese intero però rimango a letto e guardo il soffitto. Una mattina di marzo decido che devo reagire. In tre anni, dal marzo del 1988 al luglio del 1991, mi tolgo tutti e ventuno gli esami con la media del 30. Nel novembre del 1991 mi laureo quindi a pieni voti *cum laude*, a 22 anni, alla Sapienza di Roma, e nel frattempo tutte le amicizie che contava-

no si sono improvvisamente dileguate. Mi ritrovo solo, nel 1996 supero il concorso e il 15 dicembre 1997 inizio la mia avventura in magistratura. A differenza di tanti miei colleghi che oggi si battono il petto, non chiedo una raccomandazione al politico di turno per svernare a Roma in qualche commissione parlamentare, ma scelgo come prima destinazione la procura di Reggio Calabria, allora classificata come sede disagiata. Non avevo particolari idee politiche. Mio padre era di area socialista, fondamentale fu il suo ruolo durante il governo Craxi sulla nota vicenda di Sigonella. Prima dell'università avevo fatto tutti i cicli di studi – dalle materne alla maturità – alla scuola cattolica Cristo Re di Roma, e c'è mancato poco che mi facessi prete. Fratel Roberto, la mia guida spirituale, mi aveva prescelto come chierichetto della scuola. Quella era stata la mia educazione, e quello era il mio orientamento culturale: un cattolico moderato i cui primi voti oscillavano tra i partiti di centro.

Ma quelli sono anche gli anni di Tangentopoli e del crollo proprio di quel centro politico.
L'azione eroica e spregiudicata di Di Pietro entusiasma la mia generazione di aspiranti magistrati, ci carica di forti idealità, oltre a cambiare per sempre le gerarchie, il ruolo e l'immagine della magistratura. Siamo animati dal sacro fuoco di affermare che la legge è uguale per tutti, ma allo stesso tempo percepisco che da quel momento in poi i magistrati non saranno più grigi e anonimi burocrati, quanto

piuttosto star evocate e invocate dal popolo, famosi come un attore o un calciatore, potenti come e più di un politico.

È un treno da non perdere...
Infatti quelli della mia generazione ci salgono in corsa, siamo giovani e ambiziosi, ci sentiamo investiti di una missione salvifica. Chi immaginava di fare il giudice si converte alla carriera dell'inquirente, il pm senza macchia che caccia i cattivi, che è ricercato dai giornalisti, che prima o poi finirà sui giornali e in tv.

Più che una missione assomiglia a una ubriacatura.
E in effetti lo è. Ma io più che dalle manette sono affascinato da altri aspetti di quella vicenda. Studio e ristudio i meccanismi di Tangentopoli, e non mi riferisco al merito delle inchieste. Mi intriga capire, per esempio, lo scontro di potere tra le procure di Milano e Roma per la gestione dei vari filoni, vedo il proliferare di iniziative analoghe in tutta Italia e mi chiedo: puro spirito di emulazione o c'è un disegno? E se c'è, chi tira i fili? Insomma, metto insieme i tasselli.

Quali tasselli?
Per esempio non mi torna come il Parlamento – su spinta della sinistra risparmiata dalle inchieste – possa aver approvato la legge suicida che toglie l'immunità ai parlamentari, aprendo di fatto lo sconfinamento della magistratura nel terreno della politica. Rimango sorpreso dal fatto

che la strutturale dipendenza della politica dal finanziamento privato venga spacciata per banale e criminale corruzione di alcuni partiti, e che per la prima volta nel 1994 un presidente del Consiglio in carica, Silvio Berlusconi, venga raggiunto da un invito a comparire, come se dovesse essere respinto insieme alla novità che rappresentava rispetto alla politica. So che nulla accade per caso, c'è sempre un meccanismo, un sistema invisibile che si muove all'unisono. E io cerco la porta d'ingresso.

La trova?

Non subito, ovviamente. Ma noto una cosa: la maggior parte dei colleghi che contano sono iscritti a Magistratura democratica, la corrente di sinistra della magistratura. Quando arrivo alla mia prima sede, Reggio Calabria, rimango subito coinvolto in una rissa che diventa guerra tra il nuovo procuratore, Antonio Catanese, un onesto magistrato di Messina che nella vita aveva fatto di tutto meno che il pubblico ministero, e il suo vice Salvatore Boemi, uno che si era intestato grandi inchieste e che aspirava a diventare il capo. Inesperto, per poco ci lascio le penne perché mi schiero contro il vertice. Capisco che ho bisogno di una protezione e per questo mi iscrivo alla corrente di Magistratura democratica. Ecco, in quel momento, anche se ancora non ne ho piena coscienza, varco la porta ed entro nel «Sistema».

Il clima a Reggio Calabria in quegli anni è particolarmente incandescente, perché i vertici della magistratura reggina sono stati investiti dal ciclone delle dichiarazioni

Il vivaio

rese dal notaio Marrapodi, che in un drammatico confronto con il collaboratore di giustizia Giacomo Lauro accuserà tra gli altri l'allora procuratore Giuliano Gaeta di aver protetto le cosche mafiose. «Siamo arrivati insieme in una realtà molto difficile» mi dice il nuovo procuratore Antonio Catanese quando ci incontriamo per la prima volta.

E cosa succede, una volta nel «Sistema»?

All'inizio nulla, mi guardo intorno, partecipo a riunioni di corrente in cui si parla tanto ma si conclude poco, un classico delle correnti di sinistra della magistratura. Però capisco l'importanza delle relazioni: quando nel weekend rientro a Roma, ne coltivo il più possibile, soprattutto tra i colleghi della mia generazione, e intuisco che un giorno potrebbero tornarmi utile e così sarà. Poco dopo ho la prima, piccola conferma che il «Sistema» funziona.

Racconti.

All'inizio del 1998 Armando Spataro, magistrato della procura di Milano già allora famoso e in prima linea sia nella lotta al terrorismo sia per il suo impegno politico dentro le correnti di sinistra della magistratura, si candida al Csm e viene a Reggio Calabria in campagna elettorale. Io gli garantisco il mio voto e ne procuro altri, già allora ero bravo a fare queste cose. Spataro viene eletto e nel corso del suo mandato al Csm io chiedo il trasferimento a Roma. La domanda viene respinta: non ci sono posti liberi, se voglio possono dirottarmi sulla procura di Tivoli. Io ci penso una notte e rispondo «no grazie». Ma quando già dispero arriva una telefonata.

Mi lasci indovinare: Spataro?

«Caro Luca,» mi dice «quel posto a Roma per te si è liberato, auguri e buon lavoro.» C'entrava il merito? Può essere; io la vissi come una cooptazione del leader più potente dei duri e puri della sinistra giudiziaria, al quale sono rimasto sempre affezionato: restituiva un piacere ricevuto e nello stesso tempo mi arruolava in modo ancora più stretto alla causa. In quel momento ebbi la certezza di come funziona un tassello del sistema: io do una cosa a te, tu al momento opportuno la darai a me. Ma avevo chiara anche un'altra cosa.

Quale?

Che io dovevo trovare il modo di farle, le telefonate, non riceverle. E per questo mi serviva essere a Roma e non a Reggio Calabria, non in Magistratura democratica, corrente ideologica e non scalabile da uno con la mia storia, ma in una corrente meno strutturata e più pragmatica.

Tipo Unicost?

Sì, Unità per la Costituzione poteva fare per me, un uomo che nasce al centro politico e che ama stare al centro dei giochi, mediare. In quegli anni Unicost, corrente molto forte ma che ha al suo interno un'organizzazione di tipo feudale, è soprannominata nel nostro mondo «Unità per la prostituzione», data la sua propensione al clientelismo e alla lottizzazione, soprattutto nelle sue roccaforti tradizionali, che sono nell'ordine Napoli, Catania e Roma. La cosa non mi preoccupa, so bene già allora e per esperienza diretta – come insegna il caso Spataro – che le altre correnti si dicono vergini ma, in realtà, da questo punto di vista si comportano esattamente allo stesso modo, sia pure usando metodi più sottili e parole più forbite. Quindi, insieme a Marcello Matera, in quel momento leader riconosciuto di Unicost, partecipo a un'operazione politica: da un lato trasformarla in un'organizzazione unitaria, e quindi togliere il potere ai singoli referenti locali per attribuirli all'unico segretario della corrente (in questo modo Unicost acquisirà un ruolo e un peso decisivo all'interno della magistratura); dall'altro evitare che il bipolarismo destra-sinistra possa affermarsi in magistratura, escludendo la nostra corrente.

Come vedremo, lei riuscirà a scalare Unicost e a farla diventare in pochi anni l'ago della bilancia dell'intero «Sistema». Ma perché le correnti assumono tanto potere?

Questo è il punto, se non si capisce questo non si capisce il «Sistema». Le correnti sono il centro del potere, quindi parliamo di quattro poteri in competizione tra loro – corrente di sinistra, Magistratura democratica, oggi Area; di centro, Unicost; di destra (non intesa come destra politica bensì conservatrice), Magistratura indipendente; movimentista vicina ai Cinque Stelle, Autonomia e Indipendenza – che attraverso elezioni interne alla categoria si ritrovano insieme a governare sia l'Associazione nazionale magistrati, l'organo sindacale, sia il Csm, l'organo di autogoverno. Il potere, quindi, non sta nelle sigle Anm e Csm ma nel controllo delle correnti che di quegli organismi decidono vita e opere, e spesso anche miracoli. Nomine, promozioni, punizioni... strumenti per orientare anche l'azione giudiziaria sul campo: tutto passa da lì in un continuo ed estenuante processo di mediazione, che spesso diventa di contrattazione. Mi spiego meglio: nella Costituzione è scritto che il potere legislativo sta in capo al Parlamento; formalmente è vero, ma il potere reale è nelle mani dei segretari dei partiti che compongono il Parlamento.

Mi sta dicendo: attenzione, che via Palamara ne arriverà un altro, perché il sistema quello è?
Possono cambiare gli equilibri tra le correnti, esattamente come cambiano in politica all'avvicendarsi, per via naturale e democratica o traumatica, dei leader dei partiti. Vuol dire che per diventare procuratore dovrai passare non più sotto le forche caudine di Palamara e Ferri e Cascini, ma sotto quelle, per fare un esempio, di Davigo e Di Matteo. La ruota gira ma non diventerà mai quadrata.

Mi vedo già l'obiezione non di pochi: meglio due grandi magistrati come Davigo e Di Matteo che Palamara e Ferri.
È un'opinione, legittima come tutte le opinioni. Davigo e Di Matteo sono due importanti magistrati che non si sono mai dovuti sporcare le mani a gestire – se non in minima

parte – gli appetiti, le esigenze e a volte le follie di quasi diecimila colleghi. Per farlo, hai bisogno dei voti necessari a raggiungere i posti che ti garantiscono il potere di nominare, fare e cambiare le cose, ammesso che uno ne sia capace e che esistano gli strumenti per farlo. Ma come è noto gli elettori, anche i magistrati elettori, sono esigenti e volubili. O li accontenti oppure cambiano cavallo e quindi addio voti, addio potere e si torna punto e a capo. Tutto il resto sono belle favole.

D'accordo, ma fino a qui siamo a dinamiche interne alla vostra casta. Che c'entra tutto questo con la politica, per intenderci con Lotti al tavolo delle trattative?

Le rispondo con le parole che un grande magistrato di sinistra, Francesco Misiani – ingiustamente messo sotto processo nel 1996 e poi completamente prosciolto dall'accusa di aver ricevuto una somma di denaro da Renato Squillante e passato informazioni sensibili agli imputati del processo Sme – ha affidato al giornalista Carlo Bonini nel libro *La toga rossa*: «I magistrati Bruti Liberati, Paciotti, Senese, Caselli e Borraccetti condividono non solo la sintonia politica con Botteghe Oscure, ma anche un percorso gradualista che, sfuggendo a tentazioni avventuriste, abbia come obiettivo la riforma del sistema capitalista. A questi si oppongono, dentro Magistratura democratica, l'ala movimentista mia e di Saraceni che nel Pci vede un nemico in quanto parte di un sistema che non vuole riformarsi e che si muove sulla linea del compromesso storico».

È una denuncia forte, ma non si parla di nomine e spartizioni.

Peggio, è l'ammissione che la magistratura ha il dovere, anzi l'obbligo, nella testa di chi è su quelle posizioni, di fare politica per plasmare la società, insieme a un partito di riferimento – in quel caso il Pci – ma se necessario anche senza o addirittura oltre. Per fare questo devi formare una classe di magistrati indottrinati e piazzarli nei posti strategici per incidere sulla vita politica non attraverso leggi ma attraverso sentenze. Così nasce il «Sistema» delle nomine non per merito ma per appartenenza. È innegabile che le correnti siano nate con i più nobili ideali e, in tale ambito, Magistratura democratica si è autoproclamata superiore dal punto di vista etico. È nata nel 1964 a Bologna, quando un insieme di magistrati ideologizzati si costituisce in gruppo organizzato all'interno della magistratura in stretta relazione con il Partito comunista, e questo condizionerà l'attività della categoria fino ai giorni nostri. Magistratura democratica è l'embrione del sistema.

Si chiama collateralismo.

Esatto, solo che se sei collaterale al Pci-Pds-Pd sei un sincero democratico e un magistrato libero e indipendente; se sei collaterale a Renzi via Lotti, a Berlusconi via Nitto Palma o a Salvini via non so chi, allora sei un traditore dell'autonomia e dell'indipendenza della magistratura e devi essere cacciato come infame.

Lei a chi è stato collaterale?

Lo dirò, ma mi faccia andare con ordine. Prima è utile sapere alcune cose.

Quali?

Per esempio, come il «Sistema» occupa il potere. Non ci crederà, ma le correnti sono come una squadra di calcio: serve un buon vivaio, senza il quale non si va da nessuna parte. Non per nulla c'è la corsa, e non solo per il gettone economico, a fare il commissario nei concorsi per magistrati. A decidere è la terza commissione del Csm, cioè un organo lottizzato dalle correnti che a sua volta lottizza i commissari, e di questo sulla mia chat c'è ampia documentazione. Ciò serve, non solo ma anche, a garantire le raccomandazioni: basti pensare che con questo meccanismo nella mia consiliatura due figli di componenti del Csm sono diventati magistrati.

Raccomandazioni?

Io ho soddisfatto tante richieste in tal senso e soprattutto sono stato contattato più volte da magistrati, anche autorevoli, che chiedevano raccomandazioni per gli esami orali dei figli.

Bella partenza per un neomagistrato.

Appunto, tutto il mondo è paese e la magistratura non sfugge alla regola. Ma il bello viene dopo.

Dopo quando?

L'obiettivo del «Sistema» è accaparrarsi il neomagistrato. Come? Facendolo iscrivere il prima possibile alla propria corrente. Funziona così: quando entri in servizio vieni affiancato per un certo periodo a un magistrato anziano e «chi va con chi» lo decide una commissione apposita in base ai rapporti di forza delle correnti. Se entrano in sessanta, trenta andranno a fare tirocinio da un anziano di Unicost, venti da uno di Magistratura democratica, dieci da uno di Magistratura indipendente. È ovvio che, nel calcolo delle probabilità, questi ragazzi si iscriveranno alla corrente del loro tutor, soprattutto se questo spingerà in tal senso. È la linfa per alimentare il «Sistema» delle correnti, che anche per questo si battono per mettere uomini propri nelle procure più importanti e popolose, come Milano, Roma, Napoli, Palermo e Catania. E così sarà a ogni passaggio della vita professionale, sempre che tu voglia fare carriera.

Mi faccia degli esempi.

Quanti ne vuole. Prendiamo i «magistrati segretari» del Csm, colleghi tra i cui compiti c'è anche quello di dover motivare le nomine, cioè scrivere perché Tizio è più bravo di Caio e quindi ha diritto a quel posto. Secondo lei chi li nomina?

Non lo so, me lo dica lei.

I capicorrente, ovviamente. Così avviene per i membri dell'Ufficio studi, dove vengono elaborati i pareri che danno la linea politica alle decisioni del Csm, ma soprattutto questo vale per gli «assistenti di studio» dei giudici della Corte Costituzionale.

Di che si tratta? Credo che nessuno sappia della loro esistenza.
Ecco, appunto. Sono magistrati, in un caso nominati dal Csm, quindi dalle correnti, nell'altro «cooptati», che preparano al supremo giudice l'impianto giuridico e dottrinale di una sentenza; quindi hanno un enorme potere di indirizzo e orientamento, in base al loro sentire politico, culturale e ideologico, su quella che poi sarà la libera sentenza del giudice, che non sempre e non su tutto ha il tempo di studiare e approfondire. Ripeto: gli «assistenti di studio» sono magistrati ordinari, nominati dalle correnti del Csm, che influenzano in maniera determinante le sentenze della Corte Costituzionale, il massimo organo di garanzia voluto dai costituenti.

Detta così fa un po' paura.
È così, questo è il «Sistema», altro che Hotel Champagne. E non è tutto. Conosce la tecnica dei «pacchettoni»?

No, i pacchettoni onestamente mi erano sfuggiti.
In quella sono stato un vero maestro. Sa quando in tanti colleghi dicono, come è accaduto dopo che è esploso il mio caso: io con il metodo Palamara non c'entro, io sono stato nominato nel posto che occupo all'unanimità dal Csm?

Sì, ho presente.

Tutte frottole. Ci sono, faccio un esempio, quaranta posti da assegnare tra giudici della Cassazione e procuratori generali. Bene. I quattro capicorrente si siedono informalmente e prima di qualsiasi votazione ufficiale attorno a un tavolo (normalmente quello del capogruppo della corrente più importante, ubicato al primo piano del palazzo del Csm), ognuno con il suo elenco che agli altri non deve interessare. E si comincia: a me ne spettano quindici, all'altro dieci, al terzo sette e così via fino a riempire tutte le caselle. Parliamo di candidati bravi e preparati? Può essere, a volte sì, altre meno. È che non si va per curriculum, come si dovrebbe; si va per mera spartizione e un magistrato altrettanto bravo ma non iscritto a una corrente è fuori, non ha speranza che la sua domanda venga accolta. Alla fine i nomi scelti finiscono blindati in una delibera del plenum del Csm che approva all'unanimità, il gioco è fatto e la faccia è salva. Dirò di più: normalmente i curricula confluiscono in un librone che viene mestamente abbandonato su qualche scaffale senza mai essere aperto.

Mai incidenti di percorso?

Il sistema è rodato e si inceppa raramente, tipo quando sul tavolo viene messo il nome del cosiddetto «impresentabile», che il più delle volte però la sfanga perché il proponente minaccia di dichiarare «impresentabile» uno dei tuoi e ci si infila in un tunnel senza fine. Questo per dire...

Per dire che è una schifezza...
Comprendo, ma io intendo dire che non ci sono stati buoni e cattivi, c'è stato, e per quanto mi risulta c'è ancora, un sistema che si autoalimenta in questo modo, che aggira le norme che vorrebbero imbrigliarlo dall'esterno. Questo vale anche per le pagelle di valutazione che ogni quattro anni una commissione del Csm dà a ogni magistrato. Se io boccio uno dei tuoi, tu ti vendicherai bocciando uno dei miei.

Quindi non si boccia mai nessuno.
Non dico proprio nessuno, dico che le valutazioni sono frutto di mediazioni.

È possibile che questa logica di appartenenza politica e ideologica scenda dentro il singolo processo, la singola inchiesta?
L'incidenza del «Sistema» nel singolo processo non è dimostrabile, però le giro la domanda: il collega che con il metodo che abbiamo visto hai nominato in Cassazione, in un tribunale o in una procura, sarà poi sensibile ai tuoi consigli?

Immagino di sì, può esserlo.
Non è detto. Primo, perché esiste la sindrome rancorosa del beneficiato; secondo, perché vale la regola ufficiale, da me sostenuta e sbandierata in ogni sede durante la mia attività, che giudici e pm sono autonomi e indipendenti e non permetterebbero mai a nessuno di entrare nella vicenda processuale.

Ci crede davvero?

Sono un magistrato radiato fermamente convinto di poter un giorno rientrare, quindi ovvio che ci credo, e nella maggior parte dei casi, soprattutto quelli che non hanno a che fare con la politica e con i centri di potere, penso che non ci sia alcuna interferenza. Qui però non parliamo della giustizia di tutti i giorni nelle aule dei tribunali e perciò non mi nascondo dietro un dito. Il sistema che ho delineato crea un meccanismo di condizionamento ambientale o comunque di autoallineamento al mondo che ti ha generato, quindi non hai bisogno – semmai qualcuno volesse farlo – di essere attivato: procedi autonomamente perché sai che o fai così o ti metti fuori dal Sistema.

L'imprevisto
Chi tocca la sinistra è fuori

Lei ha parlato di sistema, di condizionamento ambientale, di magistrati che sanno «naturalmente» come comportarsi per non perdere l'«allineamento». Ma qualcuno avrà provato a sfidare il sistema...

Certo, storie e persone diverse tra loro, ma i casi di Luigi De Magistris, di Clementina Forleo, di Antonio Ingroia, di Alfonso Sabella e Antonio Sangermano, per citare i più noti, dimostrano che se sfidi il «Sistema» sei fuori, indipendentemente dal fatto che tu abbia ragione o torto. E io lo so bene perché c'ero: in quel momento il Sistema ero io.

Può raccontarci queste storie?

Adesso sì. Sia chiaro, non rinnego ciò che ho fatto, se sono durato così a lungo è proprio per le posizioni che ho assunto, senza le quali non sarei stato dove sono stato neppure un giorno in più. Mi hanno accusato di essere uno schierato a sinistra. Non è così. Io non ero il protettore di questo o di quello, di una parte politica o dell'altra. Io ero il protettore del sistema correntizio che a maggioranza era ed è su posizioni politiche e ideologiche di sinistra, in conflitto con la destra di Silvio Berlusconi. Il mio compito non era di cambiare quella posizione, ma semplicemente di difendere il sistema. L'ho fatto per convenienza? Perché ci credevo? Per calcolo? L'ho fatto e l'ho fatto con successo. Punto.

Con successo... In che senso?
Nel senso che in questi anni il sistema ha tenuto e fino a pochi mesi fa ciò mi era riconosciuto con tutti gli onori del caso.

Tipo?
Il 13 febbraio del 2018 – per dirne una – ho organizzato un convegno per ricordare i trent'anni della morte di mio padre Rocco. Eravamo nella stessa sala, la sala verde del Viminale, in cui – come già detto – mio padre fu colpito da infarto mentre da magistrato sottoscriveva decisivi trattati internazionali che consentirono la celebrazione di importanti processi, tra cui quello di Pizza Connection di Giovanni Falcone (me lo citava sempre come il massimo esempio di magistrato coraggioso e indipendente). In prima fila ad ascoltarmi c'erano il ministro della Giustizia Orlando, quello degli Interni Minniti, il procuratore di Roma Pignatone, il primo presidente della Cassazione Mammone, il procuratore generale Fuzio, il vicepresidente del Csm Legnini; moderava la prima firma della cronaca giudiziaria del «Corriere della Sera», Giovanni Bianconi, da noi soprannominato «magistrato *ad honorem*», e in sala c'era la crème della magistratura romana.

Mancava il papa...

Non lo avevo invitato. Battute a parte, si può pensare che uno solo di quei signori, con i quali per di più io avevo rapporti stretti e continui, potesse non sapere chi era Luca Palamara, qual era il suo metodo di lavoro da dieci anni a questa parte, qual era il suo ruolo nel famoso «Sistema» di cui loro facevano parte a vario titolo?

In effetti non è pensabile, quantomeno non sarebbe logico pensarlo. Ma questo non la esime dal fatto di aver partecipato a un gioco poco trasparente. Nei suoi discorsi pubblici ogni due per tre parla di vocazione al cambiamento, in realtà è stato il più ferreo custode della conservazione e della lottizzazione, e avete «spianato» chiunque, premier e ministri, abbia provato nel tempo a riformare le storture del mondo giudiziario. I casi sono tre: o lei non contava nulla, o puntava a sopravvivere, o è stato un paraculo.

La risposta giusta è un mix tra la seconda e la terza ipotesi: per sopravvivere c'è bisogno anche della furbizia. Anche se all'inizio della mia avventura, siamo nel 2003, alla possibilità del cambiamento ci credevo, avrei davvero voluto contrastare l'egemonia culturale della sinistra giudiziaria. In questo seguivo l'insegnamento di due illustri esponenti di Unicost, Marcello Matera e Pino Berruti, che avevano portato nel centro della magistratura tutte le sue inevitabili contraddizioni costringendoci a vederle e ad affrontarle. Ma non avevo idea di quanto forte e granitico fosse il «Sistema».

Mi scusi, ma lei all'epoca era proprio nella corrente egemonica della sinistra.
In realtà a fine 2003 uscii da Magistratura democratica. Accadde dopo un congresso in cui era ospite il segretario della Cgil Cofferati, che tra l'entusiasmo dei magistrati presenti sparò a palle incatenate contro Berlusconi e il suo governo in quel momento in carica.

Quello che lei farà qualche anno dopo.
Ci arriviamo. Io in quel momento maturo l'idea di mettermi in proprio, il seguito per fondare a Roma un mio gruppo di corrente ce l'ho. Iniziamo le prime riunioni politiche a casa di un mio collega del concorso, alle quali un po' alla volta iniziano a intervenire molti altri desiderosi di cambiare il sistema delle correnti. Ma alla fine mi faccio sedurre dalle avances di Unicost. A loro dico chiaramente: io ho i voti, voi la rete, vengo con voi ma a patto di riformare e comandare. Nel 2005 stravinco le elezioni distrettuali di Roma, nel 2007 ci sono le elezioni per la giunta nazionale e Unicost vola al 42 per cento: quasi metà dei magistrati italiani stanno con la mia corrente, la sinistra è battuta.

Ma in quel momento al governo c'è proprio la sinistra, quella di Prodi, Bertinotti e Mastella ministro della Giustizia.
Sulla carta è un governo moderato, anche se Mastella si è spinto molto in là, sia varando un indulto, sia con progetti di riforme del sistema giudiziario in linea con il suo pre-

decessore Castelli, che noi riteniamo punitivi. Ma tutto sommato il clima e i rapporti tra governo e larga parte della magistratura reggono, certamente sono migliori rispetto a due anni prima, quando a Palazzo Chigi c'era Berlusconi. Io ne approfitto per tentare l'azzardo: una giunta Anm monocolore Unicost sostenuta all'esterno dalla sinistra di Magistratura democratica e con la destra di Magistratura indipendente fuori dai giochi. Come presidente ci mettiamo un milanese della mia corrente, Simone Luerti, io faccio il segretario generale. È un equilibrio delicato, c'è chi scommette che l'esperimento durerà poche settimane, nonostante il presidente Napolitano mi riceva e mi incoraggi personalmente ad andare avanti su quella strada. Incontro Mastella, con il quale stabilisco un buon rapporto, insomma entro nella stanza dei bottoni. Ma la brace covava sotto la cenere e di lì a poco scoppierà l'inferno.

Immagino si riferisca all'inchiesta Why Not, dal nome dell'azienda informatica di Lamezia Terme su cui partono le indagini, aperta a metà di quell'anno dal pubblico ministero di Catanzaro, Luigi De Magistris, poi sindaco di Napoli.

Proprio quella. È un'inchiesta che all'inizio coinvolge, tra i tanti, il presidente del Consiglio Romano Prodi, due suoi collaboratori, Angelo Rovati e Sandro Gozi, oltre al ministro della Giustizia Clemente Mastella. De Magistris era all'epoca sconosciuto, non apparteneva a nessuna corrente in modo organico, un cane sciolto che diventa il «cigno nero», l'imprevisto che fa andare in tilt il sistema.

In effetti che la magistratura mettesse in crisi il governo che aveva da poco sconfitto Berlusconi alle urne fu un'anomalia sorprendente. De Magistris andava fermato?

Diciamo che la decisione è di provare ad arginarlo, il «Sistema» non può permettersi una cosa del genere. Mastella chiede al Csm di trasferirlo con provvedimento d'urgenza; il suo procuratore capo, Dolcino Favi, avoca a sé l'inchiesta e nottetempo fa scassinare la sua cassaforte per venire in possesso del fascicolo. Si muove anche la procura di Salerno, competente su Catanzaro, e tra le due finisce in rissa. Insomma, scoppia il finimondo.

E voi che fate?

Il Csm apre un fascicolo che di lì a pochi mesi porterà al trasferimento di De Magistris, io mi consulto sia con i miei sia con il Quirinale. E succede che, per la prima volta nella sua storia, almeno recente, l'Anm prende le distanze dall'operato di un pubblico ministero. Il comunicato lo feci io insieme a Giuseppe Cascini, fu un atto sofferto ma di coraggio, rompeva il dogma secondo cui un pm va difeso sempre e comunque. E su questo ebbi la spinta di Cascini, cioè dell'ala sinistra della magistratura, una spinta che mi lasciò molto stupito.

Detto più chiaramente, voi lo scaricate e il presidente Napolitano approva?

In effetti lo scarichiamo e condividiamo questa scelta con il Quirinale tramite il compianto Loris D'Ambrosio, il mio riferimento al Colle. Formalmente, perché nella sua inchiesta c'era una cosa assurda e inaccettabile: un decreto di perquisizione di ben 1700 pagine fatto apposta per poter rendere pubbliche tutte le intercettazioni, comprese quelle che riguardavano il ministro Mastella. Fu una forzatura delle regole e una violazione della privacy intollerabile, una provocazione.

Formalmente è così. Sostanzialmente?
Si ritorna al solito discorso del sistema. De Magistris non era allineato, quel governo già debole di suo e argine contro le destre non poteva essere attaccato in quel modo, con un'inchiesta dove oggettivamente si erano verificati degli eccessi. Anche se poi quello che posso dire – e qui lo dico per la prima volta – che De Magistris ha ragione quando dice che un'azione punitiva di quel genere nei confronti di un magistrato non c'era mai stata. E che non ha costituito un precedente per le tante inchieste e i tanti processi che hanno fatto poi discutere per la loro abnormità, tra i quali possiamo tranquillamente mettere – ne parleremo – alcuni di quelli a Silvio Berlusconi, dai settecento e passa milioni di risarcimento per il lodo Mondadori al caso Ruby. Il caso De Magistris è stata una parentesi, un'anomalia, anche se lui non ha mai fatto – ma è ancora in tempo a farlo – autocritica per alcune incongruenze di quella vicenda. Non dico che oggi io debba giustificarmi, ma a lui delle risposte vanno date.

A quali domande?

Ci furono pressioni politiche per scaricare De Magistris, perché quell'inchiesta andava a colpire un governo di sinistra? Il governo era di sinistra, il mio sistema di riferimento anche, lascio a voi le conclusioni. In quelle ore ero in contatto stretto con il Quirinale? Sì, lo ero, in particolare con il consigliere Loris D'Ambrosio. L'Anm ha mai detto una parola sui colleghi che si sono occupati di Berlusconi? No, anzi; in quel caso, nei momenti di tensione, a prescindere da tutto io dovevo prendere l'aereo per Milano e mostrarmi accanto a quei magistrati, difenderli senza la minima incertezza.

Lei andò oltre. Quando De Magistris fu poi trasferito, disse: «Il sistema ha vinto, ha dimostrato di avere gli anticorpi».

E De Magistris mi replicò: «Tu sei lì per difendere i magistrati, non la politica». Oggi la parola «anticorpi» non la ridirei, ma non intendevo offendere lui, io ero preoccupato della tenuta del sistema che mi era stato affidato e in cuor mio ero pure speranzoso che da quel momento in poi la regola che nessun pm potesse mettere alla gogna chicchessia sarebbe stata fatta rispettare. È poi successo così? No, sicuramente no, e questa è una mia sconfitta. De Magistris è stato sacrificato anche perché non apparteneva né era funzionale ad alcuna corrente? Sì, è così. Quando il Sistema ti blocca ti blocca, quando l'input parte dall'alto e le correnti sono d'accordo non c'è verso che tu possa salvarti. Io oggi ne so qualcosa.

L'imprevisto

La cosa non finì lì, anzi il seguito fu più dirompente e portò rapidamente alla caduta del governo Prodi. Poche settimane dopo aver isolato De Magistris, il 16 gennaio 2008, un'altra procura, quella campana di Santa Maria Capua Vetere, arresta la moglie di Mastella, Sandra Lonardo, allora presidente del Consiglio regionale, e indaga il ministro insieme ad altre 21 persone con accuse gravissime: concorso esterno in associazione a delinquere e concussione.

Imparabile, nessuno di noi se lo aspettava, anche se in realtà qualcosa nell'aria c'era. Nel pieno del caso De Magistris, allertati sui malumori dei colleghi campani per come l'Anm si stesse schierando a difesa del governo Prodi, io e Cascini, esponente di spicco della corrente di sinistra, volammo a Napoli per provare a stemperare. In procura ci trovammo di fronte a una sorta di «De Magistris fan club» capitanato da Giuseppe Narducci, un magistrato che anni dopo diventerà assessore di De Magistris sindaco. Avevamo sottovalutato il fatto che De Magistris, figlio e nipote di magistrati, in Campania era molto conosciuto e amato; dal 1998 al 2002 era stato anche procuratore a Napoli. In quell'occasione fummo attaccati duramente sui principi di autonomia dalla politica, ma il messaggio che ci stavano dando era anche: giù le mani da Giggino nostro. Per la verità mi sembrava di assistere a un regolamento di conti interno tra filogovernativi e antigovernativi: Cascini venne pesantemente attaccato, quasi ridicolizzato, anche per fatti personali. Soffrì molto per questo attacco, tanto che per vari mesi si sottopose a estenuanti controlli medici, poiché temeva di avere un brutto male. Per fortuna alla fine non risultò nulla.

Mi sta dicendo che il governo Prodi cade per una vendetta all'interno della magistratura contro di voi e contro Mastella?
Non esiste una carta che lo dimostri, ma basta mettere in fila i fatti e non si va molto lontano da quest'ipotesi. Prevalse lo spirito di casta, per di più casta campana. Io apprendo dell'intenzione di arrestare la moglie di Mastella, quel 16 gennaio 2008, da una fonte riservata, mentre al mattino mi sto per imbarcare su un aereo per Catania, dove ero atteso a un convegno. All'arrivo la situazione è già precipitata. Mastella accusa il procuratore di Santa Maria Capua Vetere di interesse personale – una legge del governo lo costringeva ad andare in pensione anzitempo – e lui, Mariano Maffei, un anziano magistrato della vecchia scuola, risponde con un'imbarazzante, direi tragicomica conferenza stampa, durante la quale balbetta che di quell'inchiesta sapeva poco o nulla. Una scena che, immortalata dalle telecamere mandate da Santoro, rimarrà per sempre – purtroppo, dico io – negli annali della magistratura. Un disastro che culmina con Mastella che annuncia le dimissioni da ministro della Giustizia. Fine dei giochi, fine del governo di sinistra.

Quello è pure il giorno del «faccia da tonno» che lei si sentì dire in diretta tv dal presidente emerito Francesco Cossiga. Anche di quello ci si ricorda ancora oggi...

Da Catania rientro frettolosamente a Roma e per la prima volta mi ritrovo proiettato sul palcoscenico mediatico nazionale, non da pm – era successo quando avevo condotto l'inchiesta Calciopoli 2 – ma da uomo delle istituzioni. Non ho ancora quarant'anni né grande dimestichezza con le dirette tv e sono pure stanco. Mi ritrovo nello studio Sky dove Maria Latella conduce ogni pomeriggio una trasmissione allora molto quotata. So che devo prendere tempo, che le mie parole, dopo il caso De Magistris, verranno pesate una per una dai colleghi e dai politici e per questo mando a memoria quattro frasi poco più che di circostanza. Ma, non annunciato, chiama Francesco Cossiga. Noto subito che la sua voce è alterata, affannata, come se – diciamo così – non stesse bene. Si scaglia con violenza contro di me: «Lei ha una faccia da tonno, tonno Palamara...» eccetera eccetera. Non capisco, rimango basito. Penso a uno scherzo, ma non è così. Ho tre possibilità: gli replico e lo insulto, mi alzo e me ne vado, incasso con stile. Penso agli insegnamenti di mio padre, a cosa avrebbe fatto lui al mio posto e scelgo la terza possibilità: le persone anziane, per di più alterate e per di più ex presidenti della Repubblica, vanno rispettate. Ma quella, mi giuro, sarà l'ultima volta che mi farò prendere a schiaffi in pubblico.

Ha poi capito il perché di quella sfuriata a freddo?
In seguito Cossiga cercò delle sponde per parlarmi e chiarire, tra le quali anche il collega Ferdinando Esposito, figlio del giudice Antonio Esposito, presidente del collegio

della Cassazione che condannò in via definitiva Silvio Berlusconi. Non me la sentii, credo che prevalse la permalosità di noi calabresi di origine. Immagino che Cossiga, che di Mastella era stato socio politico, mi prese come capro espiatorio per quello che era successo. Ma come – credo fosse il suo ragionamento –, tu sei lì in quel posto e ti fai sfuggire di mano la situazione contro i nostri interessi? Quello che accadde in quella trasmissione paradossalmente mi rafforzò molto. I colleghi si strinsero in mia difesa e da quel giorno entrai con convinzione nella parte di paladino del sistema. Se vogliamo appiccicare una data di nascita al «metodo Palamara» direi proprio quella: 16 gennaio 2008. E da allora – avevo imparato la lezione – la situazione raramente mi sfuggì di mano.

Per esempio nel caso – praticamente contemporaneo a De Magistris – di Clementina Forleo, gip alla procura di Milano. Fu gestito con più cautela, un'operazione di rimozione che potremmo definire chirurgica.

La procura di Milano non è quella di Catanzaro, è un monolite, un fortino delle correnti di sinistra, non espugnabile, neppure dall'Anm o dal Csm. Qualcuno sostiene sia un tempio, e nei templi non è ammessa l'eresia. L'eretica in questione è appunto Clementina Forleo, che da gip osa sfidare sia la procura sia la sinistra, nella primavera 2007 al governo. L'inchiesta è quella dei «Furbetti del quartierino» o Bancopoli, riguardante un gruppo di disinvolti finanzieri che avevano tentato anni prima la scalata a gruppi bancari, incrociandosi con la scalata di Unipol, la cassaforte del Pds, alla Bnl. Nei documenti depositati dai pm che avevano istruito l'indagine si fa cenno, ma solo cenno, a telefonate intercettate tra quei signori e D'Alema, Fassino e Latorre, in pratica i vertici del Pds. Forleo – contraddicendo i suoi colleghi pm – non solo chiede che quelle telefonate vengano messe agli atti, ma si spinge a dire e a chiedere che D'Alema, Fassino e Latorre siano indagati, perché le loro parole dimostrano che sono «complici consapevoli di un disegno criminale».

È la famosa intercettazione – pubblicata in esclusiva dal «Giornale» – della telefonata in cui Fassino chiede a Giovanni Consorte, capo di Unipol: «Ma abbiamo una banca?», per cui finirono sotto processo per rivelazione di segreto d'ufficio Paolo e Silvio Berlusconi, poi prescritti in appello.

Esatto. La procura di Milano non la prende bene, il Pds neppure. Io capisco che non abbiamo scelta, al di là del merito tecnico-giuridico delle sue decisioni Clementina Forleo va rimossa, è un pericolo, e mi esprimo anche pubblicamente in tal senso, sia come Anm sia come capocorrente, dando indicazioni in tal senso ai miei uomini dentro il Csm. Che infatti la trasferisce di peso al tribunale di Cremona.

Un processo sommario, mi sembra di capire.

Le pressioni erano fortissime. Guido Salvini, uno storico magistrato della procura di Milano, scriverà questa e-mail:

«Sono stato testimone diretto dell'azione ambientale contro la collega Forleo dato che anche io all'epoca ero gip presso il tribunale di Milano. Ho assistito a scene desolanti quali l'indizione tramite passaparola di riunioni pomeridiane in alcune stanze del tribunale per discutere la strategia contro la collega. Riunioni guidate da maggiorenti dell'ufficio tra cui un paio di colleghi verdi [allora la corrente più di sinistra], più rancorosi di tutti, come spesso accade, anche se completamenti estranei al caso. Da simili iniziative, che mi ricordavano le Settimane dell'Odio descritte da George Orwell nel romanzo *1984*, mi sono dissociato. Non ci si comporta così tra magistrati ed è facile e privo di rischi accerchiare così una persona in ufficio» ecc.

È un racconto che fa riflettere, ma lei era dall'altra parte della barricata...
Non avevo sponde, non avrei potuto fare nulla. Quando lessi quella e-mail era comunque troppo tardi. Dopo questi fatti incontrai Clementina Forleo in un momento triste, precisamente il 25 settembre del 2009, in occasione del funerale di Maurizio Laudi, storico appartenente a Magistratura indipendente e tifoso juventino con il quale ero solito battibeccare bonariamente per la mia inchiesta su Moggi. In quell'occasione incrociai il suo sguardo e vidi il suo rancore nei miei confronti. Mi fa piacere che Clementina Forleo, grazie unicamente alla sua tenacia, sia poi stata riabilitata. Ironia della sorte, l'ho incontrata nuovamente a Roma nel 2019 in occasione del mio purtroppo breve ritor-

no in procura: lei giudice dell'udienza preliminare, io pubblico ministero. Ha condotto l'udienza con grande professionalità e con garbo anche nei miei confronti e gliene sono riconoscente. C'è chi sostiene che la Forleo abbia commesso errori tecnici. Può essere. Ma tutti possono commettere errori. Ad esempio, può essere considerato un errore anche quello di Ilda Boccassini nell'inchiesta Ruby, se è vero – come è vero – che Silvio Berlusconi è stato assolto sia in appello sia in Cassazione. Eppure nessuno si è mai sognato di chiedere il trasferimento della Boccassini. I problemi nascono, anche se non sempre, ma quando accade è solo perché le cose poi nella realtà sono più complesse, se un magistrato si mette contro la sinistra. Perché il nemico è la «non sinistra». E di questo vorrei parlare.

L'incontro
Berlusconi e le veline killer

Mi piace il suo eufemismo: «*Il nemico è la "non sinistra"*». *In Italia però, da qualche decennio a questa parte, la «non sinistra» ha un nome e un cognome importante, si chiama Silvio Berlusconi. Il quale, permetta anche a me un eufemismo, ha avuto più di qualche scontro con il vostro «Sistema», sia come privato cittadino, sia come leader indiscusso della coalizione di centrodestra, sia come presidente del Consiglio. Uno e trino, ma sempre nel mirino dei magistrati. E lei era in prima fila in più occasioni durante quegli anni, e sempre dietro le quinte, come abbiamo visto. Immagino abbia conosciuto Berlusconi anche personalmente. Lascio a lei il compito di fare ordine nella storia di questo «burrascoso» rapporto.*

Di persona l'ho incontrato nel dicembre 2007, la prima e ultima volta a tu per tu riservatamente con Silvio Berlusconi. Come le ho appena raccontato, il governo Prodi in quei giorni traballa, cadrà di lì a poche settimane, il 6 febbraio dell'anno successivo, travolto dal caso Mastella. Come fresco segretario della giunta centrista monocolore dell'Associazione nazionale magistrati organizzo, in piena legittimità, una serie di incontri istituzionali. A quello con il Pd, Veltroni e Franceschini mi danno buca, al tavolo si presentano solo i responsabili per la giustizia del partito, Lanfranco Tenaglia e Donatella Ferranti. Nei fatti, quest'ultima per noi continua a essere non una parlamentare del Pd ma una esponente di Magistratura democratica, fortemente legata ad alcuni pubblici ministeri del mio ufficio, che grazie a delle scappatoie sono poi approdati direttamente dal Csm alla procura di Roma. Il clima è surreale, si atteggiano a padroni del vapore, e in quel momento forse capisco una volta per tutte che la famosa «egemonia culturale» non è un'etichetta vuota appiccicata alla sinistra. E capisco anche che da quelle parti non gradiscono l'esclusione della corrente di riferimento, Magistratura democratica appunto, dall'organo di autogoverno dei magistrati. Il segnale è chiaro, e ne farò presto tesoro.

Poi incontro la delegazione di Forza Italia, Mariastella Gelmini e Nitto Palma. È un incontro formale, la diffidenza reciproca non potrebbe essere più evidente. Nitto, che sei mesi dopo sarebbe diventato sottosegretario al ministero degli Interni, e nel 2011 ministro della Giustizia, è un magistrato prestato alla politica. Ma è anche un amico – ci siamo conosciuti da colleghi al mio esordio a Reggio Calabria –, direi più di un amico, è il mio testimone di nozze, e questo «dettaglio» verrà sollevato ancora nel corso della mia presidenza. In quei giorni di fine 2007, quindi, sotto tutti i punti di vista siamo su fronti opposti, ma c'è stima e rispetto. Ed è proprio Nitto – lo racconto pubblicamente oggi per la prima volta – che nei giorni successivi a quel confronto istituzionale organizza un incontro riservato con Silvio Berlusconi. Berlusconi l'avevo visto una sola volta e casualmente alla finale del campionato del mondo di calcio del 1990, fuori dallo stadio Olimpico. Io, giovane studente e tifoso giallorosso, lo avvicinai per chiedergli quando ci avrebbe restituito Ancelotti, che il Milan aveva strappato alla Roma e che per noi romanisti rappresentava e ancora oggi rappresenta uno dei simboli dello scudetto. Quel giorno non potevo immaginare che vent'anni dopo sarebbe stato lui a cercarmi per parlarmi da pari a pari.

Mi dica qualcosa di più. Berlusconi in una stanza con il segretario generale dell'Associazione nazionali magistrati... Sono passati quasi quindici anni, ma resta una notizia.
L'incontro avvenne a Palazzo Grazioli. Entrammo nel cortile con la macchina di Nitto in modo da non dare nell'occhio. Salimmo al primo piano, Berlusconi stava guardando in tv la seduta del Parlamento. Fu ospitale e gentile, mi colpì il suo abbigliamento informale, maglione e pantaloni blu. Mi esternò la sua amarezza per le numerose vicende giudiziarie che riguardavano lui e i suoi collaboratori, e devo riconoscere che mi sembrò più preoccupato per i secondi, a cui dava l'impressione di tenere molto. Nel corso della conversazione Nitto propose di uscire dalla logica della contrapposizione continua, e Berlusconi annuì sostenendo la necessità che si aprisse un nuovo corso nel rapporto tra magistratura e politica, ma in verità non mi sembrava fiducioso verso questa possibilità e fece più di un riferimento ai magistrati, a suo dire, politicizzati. Io presi atto delle

sue recriminazioni, ma quando fu il mio turno diedi risposte vaghe e generiche: conoscevo bene come la magistratura la pensava nei suoi confronti.

Quando entro a Palazzo Grazioli, ovviamente so che nel giro di pochi mesi lui potrebbe diventare di nuovo presidente del Consiglio, e sono consapevole del fatto che, qualora accadesse, le nostre strade non potranno mai più incrociarsi ma solo confliggere.

L'ho rivisto di persona solo anni dopo, in occasione degli scambi natalizi al Quirinale, e, come la prima volta allo stadio Olimpico, abbiamo parlato solo di calcio. Questa volta l'argomento, se non ricordo male, fu Vincenzo Montella.

Al di là del calcio, mi sembra che le sue sensazioni fossero azzeccate: Prodi cade il febbraio successivo, si vota e il centrodestra stravince le elezioni. L'8 maggio 2008 si insedia il quarto governo Berlusconi. La svolta vi trova pronti?

A febbraio non lo eravamo. La giunta Anm centrista monocolore di cui in quel momento ero segretario era troppo debole per affrontare la guerra che ci aspettava. Ne ero pienamente consapevole, e siccome l'esito elettorale – la vittoria del centrodestra – era nell'aria, le trattative per rafforzarla iniziarono ben prima del voto.

Il mio maestro Marcello Matera mi fa capire che è necessario allargare velocemente la giunta alle correnti di sinistra, in primis Magistratura democratica. A chiederlo sono sia la sinistra politica sia quella giudiziaria. E lo chiedono a gran voce le procure più importanti – a partire da quella di Milano guidata da Bruti Liberati, storico leader associativo – che temono di rimanere senza scudo protettivo. Si fanno incontri sia con il Pd sia con Loris D'Ambrosio, consigliere giuridico del presidente Napolitano. Bisogna agire in fretta, e soprattutto bisogna fare posto in giunta a Magistratura democratica, che pretende e ottiene la poltrona di segretario generale, la mia. Insomma, il sacrificato sono io. Devo uscire di scena.

Un sacrificio, ma per una giusta causa, secondo le vostre logiche. Se ne fece una ragione?

Sì, perché aprire una crisi complicata in quel momento sarebbe stato pericoloso. L'Anm andava blindata, aprire a sinistra il governo della magistratura era inevitabile. La parola d'ordine di quelle settimane era: «Se torna Berlusconi, dobbiamo tornare tutti».

Io mi adeguo, rimetto nel cassetto i miei bei sogni di riforme e di difesa non a priori dei magistrati e, tra lusinghe e promesse di una carriera fulminante, mi faccio da parte. Al mio posto arriva Giuseppe Cascini, mio collega di procura a Roma, leader di Magistratura democratica. Nella poltrona di presidente resta Simone Luerti, mentre la corrente di destra, Magistratura indipendente, viene esclusa, e starà all'opposizione.

Un rimpasto per essere pronti alla trincea che vi aspetta. Chi è stato il regista di questa operazione?

In realtà era un percorso obbligato, certo concordato in

qualche dettaglio con la politica, ma inevitabile. La magistratura vuole farsi trovare pronta ai blocchi di partenza della nuova sfida a Berlusconi. È un segnale al governo che sta per arrivare, ma anche al nostro interno: non tollereremo un'opposizione blanda al berlusconismo.

Insomma, si schiera l'esercito giudiziario. Per lei, però, non ci sarà una lunga sosta nelle retrovie: se non ricordo male l'esilio dura davvero poco.

Qualche mese: Simone Luerti rilascia una lunga intervista a Luigi Ferrarella del «Corriere della Sera» e commette due errori che si riveleranno fatali. Fa una sorta di apertura a Berlusconi sulla possibilità di riformare il Csm, e in particolare teorizza la possibilità che i provvedimenti disciplinari per i magistrati possano essere affidati a qualcuno al di fuori dell'organo di autodisciplina. Non erano questi i patti, non poteva essere lui il condottiero del nuovo corso.

Mi sembra chiaro: bruciato, fuori uno.

Già, ma non può essere rimosso di peso per quelle parole, sarebbe stato come gettare la maschera e mostrare il vero volto. Occorreva un pretesto. E allora arriva in soccorso il killer, personaggio che ritroveremo più volte quando andremo ad affrontare le nomine delle procure più importanti. Passano pochi giorni e sul tavolo del Csm arriva una carta che era sepolta tra le migliaia dell'inchiesta Why Not del pm De Magistris, quello che, come abbiamo visto poco prima, avevamo cacciato sostenendo che le sue inchieste fossero... così così. Sono poche righe in cui si documenta come Luerti avesse pranzato e intrattenuto rapporti con uno degli indagati, il ciellino Antonio Saladino. Per aumentare il carico ci sono pure – non si capisce a che titolo – indiscrezioni sul fatto che Luerti appartenesse ai Memores Domini, un'associazione laicale che pratica la castità, sotto l'egida di Cl, il movimento cattolico di cui anche lui faceva parte. Non serve molto altro: Luerti finisce nel tritacarne mediatico, soprattutto in tv per mano di Michele Santoro, e, indignato per l'intrusione nella sua sfera più intima, si dimette.

Una purga...

Non saprei trovare un'altra definizione. Tenga presente però che il destinatario non è solo Luerti. È anche un avviso per chi sarà il suo successore: attenzione, chi sgarra paga.

Via Luerti, mi convoca Marcello Matera, lo stratega di Unicost: «Non apriamo nessuna crisi, al suo posto entri tu e l'incidente lo chiudiamo qui». Mi mette in guardia dai rischi di fare la stessa fine del mio predecessore. Ricordo quell'incontro come un momento drammatico della mia vita. Marcello mi fa chiaramente capire che il clima è avvelenato, è come se con i suoi occhi mi dicesse: «Luca, lascia stare, è un gioco troppo più grande di te». Io però sono un capatosta, come si dice in Calabria, e accetto. L'8 maggio 2008 si insedia il governo Berlusconi, Luerti si dimette il 14, il 18 io divento presidente dell'Associazione nazionale magistrati. Ho trentanove anni, il più giovane di sempre in quel ruolo. Dedico il mio primo congresso, che si svolgerà all'Auditorium Parco della Musica di Roma alla presenza del presidente della Repubblica Giorgio Napolitano, a Rosario Livatino, che alla mia stessa età veniva barbaramente ucciso. È lì che inizia una sfida che durerà otto anni.

Quindi trovate la quadra per affrontare il nuovo corso. D'accordo, ma qual era l'obiettivo e quale la strategia?
L'obiettivo è sempre quello: impedire che un governo di centrodestra vari delle riforme della giustizia per noi inaccettabili.

Di fatto da lì in poi inizia una pressione giudiziaria su Silvio Berlusconi?
Da quel momento veniamo accusati di entrare in una zona grigia dove formalmente è tutto regolare: l'obbligatorietà dell'azione penale, l'indipendenza della magistratura eccetera eccetera. Non c'è un capello fuori posto, ma sta di fatto che non esisteva più, e dubito che oggi esista, un confine netto tra la legittima difesa degli interessi della giustizia e l'uso strumentale della giustizia stessa per i fini politici di una parte della magistratura, parte che trova nella sua corrente di riferimento copertura e protezione, e nel partito politico di riferimento, il Pd, un socio interessato. Con Cascini ci intendiamo sul fatto che Magistratura democratica abbia mano libera nel fare opposizione feroce a Berlusconi e che il mio ruolo debba essere quello di equilibratore con le altre correnti e di pontiere con la politica. Di più, ammesso di volerlo, non avrei po-

tuto fare. Al nostro interno non c'erano le condizioni politiche per fermare quella deriva, e a quel punto – sarebbe stupido negarlo – scelsi di assecondarla.

Eravate, siete stati, convinti di essere così potenti?
Le spiego una cosa fondamentale per capire che cos'è successo in Italia negli ultimi vent'anni. Un procuratore della Repubblica in gamba, se ha nel suo ufficio un paio di aggiunti e di sostituti svegli, un ufficiale di polizia giudiziaria che fa le indagini sul campo altrettanto bravo e ammanicato con i servizi segreti, e se questi signori hanno rapporti stretti con un paio di giornalisti di testate importanti – e soprattutto con il giudice che deve decidere i processi, frequentandone magari l'abitazione... Ecco, se si crea una situazione del genere, quel gruppo e quella procura, mi creda, hanno più potere del Parlamento, del premier e del governo intero. Soprattutto perché fanno parte di un «Sistema» che lì li ha messi e che per questo li lascia fare, oltre ovviamente a difenderli.

Torniamo al «Sistema». Quanto è complesso? E poi, a questo punto è una domanda legittima, secondo lei esiste un solo «Sistema»?
Per quella che è stata la mia esperienza posso dirle che esistono più sottosistemi, che a volte si contrappongono e a volte si alleano dentro un unico grande sistema. È l'eterno gioco che in politica avviene tra maggioranza e opposizione, che si contrastano ma a tratti si alleano sottobanco per un

comune obiettivo, o per un inconfessabile scambio di favori. Lo immagini come un moto perpetuo composto da tanti soggetti.

Prendiamo l'informazione, che nella vicenda Berlusconi di quegli anni ha avuto un ruolo fondamentale. Tra di noi girava la battuta: «La vera separazione delle carriere non dovrebbe essere quella tra giudici e pm ma tra magistrati e giornalisti». Magistrati e giornalisti – lo dico anche per esperienza personale – si usano a vicenda, all'interno di rapporti che si costruiscono e consolidano negli anni. Il giornalista vive di notizie, ogni testata ha una sua linea politica dettata dall'editore, che ha precisi interessi da difendere. Il pm li conosce bene, e sa che senza quella cassa di risonanza la sua inchiesta non decollerà, verrebbe a mancare il clamore mediatico che fa da sponda con la politica. È inevitabile che una frequentazione assidua porti a una complicità professionale, a volte anche a un'intimità personale più o meno clandestina che crea qualche imbarazzo tra i colleghi.

Ma c'è anche un livello superiore: io stesso ho avuto modo di partecipare a incontri riservati tra importanti direttori e procuratori impegnati su inchieste molto delicate.

Non per difendere la mia categoria, ma facciamo il nostro mestiere.

Certo, eppure è ovvio che quando ci sono rapporti così stretti si rischia il cortocircuito. Riflettiamo: la procura di Milano inizia, nell'anno 2010, l'inchiesta Ruby su Berlusconi, poco prima «la Repubblica» aveva lanciato il famoso tormentone delle «dieci domande» sul caso Noemi Letizia, dopo aver dato ampio risalto in prima pagina alle parole di Veronica Lario, indignata per i comportamenti del marito. Non c'è nulla di male, tutto è a norma di legge e perfetto, ma è anche «perfettamente Sistema»: una procura indaga, un giornale lancia una campagna mediatica, e un partito – il Pd – da tutto questo trae vantaggio politico. Come vede, ci sono tutti gli elementi di cui abbiamo parlato.

«Musica per le sue orecchie», per lei uomo di punta di quel sistema.

Il «Sistema» è stato bravo, molto bravo. Dobbiamo riflettere su una cosa: il nuovo, ennesimo attacco a Berlusconi parte dopo neppure un anno dal suo insediamento a Palazzo Chigi e inaugura un nuovo fronte, quello dell'etica personale e dei comportamenti sessuali. Si parte – aprile 2009 – con il caso di Noemi Letizia, la giovane che Berlusconi inaspettatamente – in quel momento è pur sempre il premier – raggiunge a Casoria per festeggiare il suo diciottesimo compleanno. Qualche mese dopo, a luglio, da Bari si fa viva la presunta escort Patrizia D'Addario. Infine l'anno dopo arriva il caso Ruby.

Dove vuole arrivare?

Dico che un filone inedito, partito per caso – la soffiata sul compleanno di Noemi Letizia –, scatena il «Sistema», che ci salta sopra con i suoi pezzi migliori. A indagare su cene e veline, per intenderci, è stata chiamata anche Ilda

Boccassini, che in quel momento era alla procura antimafia. A rompere il segreto istruttorio sul caso D'Addario è stato il «Corriere della Sera». Questo dà l'idea delle priorità che in quel momento si era data la magistratura: prima si incastra Berlusconi sulle veline e poi si pensa al resto.

La interrompo perché manca un pezzo importante. Lei è, o meglio è stato, un magistrato: il problema dovrebbe essere se quei comportamenti costituivano reato oppure no.

La giustizia deve sempre arrivare ad accertare la verità, ci mancherebbe. Qui noi però non stiamo parlando del merito, ma di come, in quanto tempo e perché in alcuni casi il meccanismo si metta in moto, mentre in altri no. E questo non vale solo per Berlusconi. Mi spiego meglio. Ci sono inchieste che partono in flagranza di reato, altre su denuncia di una delle parti, altre da verifiche fiscali o da tronconi di indagini precedenti. Ma molte partono dalla cosiddetta «velina», cioè una soffiata, una segnalazione anonima più o meno verosimile, spesso confezionata dai servizi segreti o da faccendieri interessati a una certa partita. Quando arriva sul tavolo di un magistrato, la velina può essere cestinata o passata alla polizia giudiziaria per fare delle verifiche, le quali danno origine a un documento chiamato «informativa», che il magistrato può cestinare, tenere nel cassetto o trasformare in un fascicolo giudiziario: ovvero, aprire un'indagine vera e propria. Diciamo così: l'esito di questo percorso e la rapidità della sua esecuzione, più che dalla bravura del magistrato, dipendono dal nome del soggetto «attenzionato», per dirla in gergo, e da quanto il sistema nel suo complesso sia disposto ad appoggiare e proteggere l'operazione. Come abbiamo visto, con De Magistris e la Forleo non è andata così, perché nel mirino c'erano leader della sinistra; con Berlusconi viceversa tutto è avvenuto molto velocemente. Questo è un fatto.

Berlusconi sostiene di essere stato vittima di una persecuzione giudiziaria, e, dal racconto che lei sta facendo, non a torto. Voi ribattete che quella pressione era legittimata dal dover difendere con ogni mezzo l'autonomia della magistratura da riforme punitive. È un cane che si morde la coda, non se ne esce. È nato prima l'uovo o la gallina?

Vede, c'è del vero in entrambe le asserzioni. Non si poteva ammettere che un premier definisse la procura di Milano un'«avanguardia rivoluzionaria», ma anche Cascini, segretario dell'Anm, non avrebbe dovuto rispondere che «la maggioranza di centrodestra non ha legittimazione storica, politica e culturale e anche morale per affrontare la riforma della giustizia», per di più dal palco di un convegno del partito più a sinistra dello schieramento, Sinistra e Libertà di Nichi Vendola. Su quella frase si rischiò la crisi di giunta dell'Anm. Tra noi ci fu un duro confronto. Io ero contrario a quei toni, anche perché al nostro interno è sempre mancata una riflessione seria sull'uso politico dei processi. Alla fine ci salvammo con una mediazione: lui avrebbe in parte rettificato, io sarei andato la sera da Vespa, a *Porta a Porta*, a provare a metterci una pezza.

Mediare, mediare. Rompere, invece, mai?

In quel momento chi avesse rotto era fuori. E guardi che anche nella magistratura non tutti la pensavano come Cascini. Lo ammette lui stesso nella seconda parte di quel discorso tenuto al convegno di Sel: «L'idea diffusa anche a sinistra secondo cui Berlusconi un po' di ragione in fondo ce l'abbia» disse «denota una subalternità culturale e politica a un clima declinato dalla destra. Dalla sinistra mi aspetto una risposta di sinistra». Era un avviso chiaro: qui non sono ammesse defezioni, a prescindere dai fatti. C'è da dire che Cascini è un tipo sospettoso e molto schierato a sinistra. Ha elaborato l'espressione «comportamenti opachi» nella magistratura, la stessa che un'informativa della Guardia di Finanza nell'indagine che mi riguarda utilizzerà poi contro di me. Ma è lo stesso Cascini, leader della corrente di sinistra dura e pura, che io ho sostenuto – come lui ha ammesso pubblicamente – perché diventasse procuratore aggiunto di Roma, a scapito di Sergio Colaiocco, magistrato che oggi è titolare dell'indagine su Giulio Regeni. Su questa nomina, vorrei essere chiaro: con il senno di poi posso dire che quello nei confronti di Sergio Colaiocco è stato un vero «colpo basso» del sistema. Per agevolare Cascini, a cui in quel momento ero legato da uno stretto vincolo di amicizia, era necessario eliminare i concorrenti. E Colaiocco, proprio per i riconoscimenti professionali che stava conseguendo, lo era. Lo si evince dal mio telefonino: chiamo Paolo Auriemma, procuratore di Viterbo, dicendogli che Colaiocco deve revocare la domanda per non intralciare Cascini. Auriemma organizza un incontro tra i due candidati. Alla fine, con molta fatica, convinciamo Colaiocco a revocare la domanda, e a mandarmi la prova di averlo fatto. Insomma, un'induzione alla revoca per accontentare le richieste che mi faceva Cascini, il quale temeva di non farcela e di non essere poi eletto al Csm, dato che a Napoli si affacciava la candidatura di un altro pm che avrebbe potuto superarlo, Fabrizio Vanorio. Insomma, un gioco di sponda iniziato ai tempi dell'Anm e che continua anche in occasione delle elezioni del Csm nel 2018, quando lui si adopera per far confluire i voti di Rita Sanlorenzo, giudice della Cassazione di Magistratura democratica, sul candidato di Unicost, e io, a mia volta, mi adopero su Roma per farlo votare da quelli della mia corrente per rafforzare la sua posizione.

Per capirci, parliamo dello stesso Cascini che – come risulta dalle chat – mi chiederà i biglietti gratis per andare allo stadio, per lui e suo figlio, perché non ha più la tessera invito del Coni. Insomma, quella doppia morale tipica di quell'area culturale e che poi recentemente alcuni iscritti della stessa sua corrente gli contesteranno, tanto da costringerlo alle dimissioni da Magistratura democratica. Eppure, voglio precisarlo, anche lui era uno strumento, e adesso le dirò di chi.

La regola del tre
Da Ruby a Fini: ecco chi comanda

Abbiamo seguito i suoi movimenti negli anni dell'ultimo governo Berlusconi, e tramite lei quelli interni all'Anm e di alcuni colleghi. Movimenti e posizioni, lei mi lascia intendere, ispirati o addirittura guidati da qualcuno. Chi ha il telecomando?

Voglio essere chiaro: dal 2008 fino al 2011, quando Berlusconi cade sotto i colpi dello spread, come da prassi costante dell'Associazione nazionale magistrati ho sempre condiviso la mia attività seguendo una prassi costante con il presidente Giorgio Napolitano, il più delle volte tramite il suo consigliere giuridico Loris D'Ambrosio, morto d'infarto il 26 luglio 2012. Napolitano ha sostenuto che il suo braccio destro fosse stato ferito a morte da «una campagna violenta e irresponsabile», riferendosi ai veleni dell'inchiesta sulla presunta trattativa Stato-mafia, condotta dai pm Ingroia e Di Matteo, che riguardava possibili accordi occulti intercorsi per arginare la stagione delle stragi mafiose nell'Italia dei primi anni Novanta. In particolare, lo ricordo qui per non dare nulla per scontato, D'Ambrosio venne chiamato a testimoniare su alcune telefonate intercorse sull'argomento tra lui, Napolitano stesso e l'allora vicepresidente del Csm Nicola Mancino.

L'ultima volta che ho modo d'incontrare Loris D'Ambrosio è il 23 maggio del 2012, a Palermo, per ricordare i vent'anni dalla morte di Giovanni Falcone. Oltre alle manifestazioni ufficiali, con la diretta serale su Rai Uno, è prevista una partita di calcio tra la nazionale cantanti e la nazionale magistrati. Ci incontriamo all'hotel, e lo trovo molto provato, mi confida di essere profondamente amareggiato per quello che sta emergendo sul suo conto in relazione all'indagine sulla trattativa. Mi racconta dei verbali che lo riguardano e delle domande che gli sono state rivolte su quanto accadde fra l'amministrazione penitenziaria e i vertici del Viminale per cancellare il 41 bis – il carcere duro riservato ai mafiosi – a centinaia di boss detenuti sulle isole di Pianosa e dell'Asinara. Il dubbio che possa essere considerato reticente, al pari di tanti altri uomini dello Stato a Roma, lo tormenta. A questo si aggiungono le pressioni legate alle lunghe telefonate con Nicola Mancino, ministro dell'Interno fra il 1992 e il 1994, con il quale i rapporti si erano intensificati tra il 2006 e il 2010, quando Mancino era vicepresidente del Csm.

Ecco, fino ad allora posso dire che è stato D'Ambrosio il tessitore della tela tra le varie parti del sistema, e lo posso dire perché ero una di quelle. È impensabile sostenere che negli anni di cui stiamo parlando l'Anm si sia mossa fuori dalla copertura del Quirinale, con il quale io condividevo ogni decisione che comportasse una rilevanza politica. E, come vedremo, sarà così fino all'ultimo giorno.

All'ultimo giorno ci arriveremo, ora mi permetta di andare con ordine. Mi sta dicendo che il Quirinale approvava, se non qualcosa di più, la linea dello scontro frontale con il governo?

Esattamente, ma mi sento di essere più esplicito e dettagliato. Nella magistratura vige un clima di terrore interno che non lascia spazio a deviazioni dalla linea concordata. Un caso esemplare è ciò che accade a Bari, dove nell'estate del 2009 si sta per insediare un nuovo procuratore, Antonio Laudati, magistrato di chiara fama, capo dell'ufficio Affari penali del ministero, poltrona che già fu di Giovanni Falcone. Il Csm lo aveva scelto nonostante appartenesse alla corrente di destra di Magistratura indipendente, ma soprattutto nonostante non facesse mistero della sua amicizia con Angelino Alfano, allora ministro della Giustizia. Tra la nomina, avvenuta in aprile, e l'insediamento, che avverrà a luglio, a Bari scoppia il caso D'Addario. Lo ricorderà, la presunta escort barese che il faccendiere Gianpaolo Tarantini, l'anno prima a Roma, aveva infilato nel letto di Berlusconi a Palazzo Grazioli. Laudati anticipa il suo trasferimento a Bari per cercare di mettere un po' d'ordine in quel polverone che monta di giorno in giorno. A suo dire trova una situazione confusa.

Per l'esattezza, anni dopo dirà «caotica». In una conversazione registrata dal giornalista Giacomo Amadori è un fiume in piena: «Mi ritrovai nel mezzo di una guerra tra lobby politiche e giornalistiche, in procura si faceva carne da macello, era un ambiente permeabile». E ancora: «C'è una questione inesplo-

rata, quella del rapporto tra Tarantini e l'ambiente giudiziario, quanti magistrati frequentavano i suoi festini? Lì non andava mandato un procuratore, bisognava togliere cinquanta magistrati».

E infatti Laudati prova a fermare le fughe di notizie, cambia gli uomini della Guardia di Finanza che gli facevano da polizia giudiziaria. Tanto basta per finire sospettato di connivenza con Berlusconi: sta rallentando l'indagine, la vuole insabbiare. Puntuale come la morte, al Csm arriva un esposto anonimo nel quale si sostiene che Laudati si era fatto dare centomila euro da Nichi Vendola per organizzare un convegno – al quale partecipai anche io – in cambio dell'archiviazione di un'inchiesta sulla sanità pugliese che coinvolgeva il presidente della Regione. Arriverà poi un esposto della procura generale, firmato da Giuseppe Scelsi, che lamentava ritardi nel deposito delle carte, ed ecco che la procura di Lecce indaga Laudati per abuso d'ufficio e favoreggiamento.

Insomma, parte la stagione (l'ennesima) dei veleni. Ma mi lasci dire: Laudati verrà assolto da tutte le accuse.

Sono felice per lui, ma allora non era possibile difenderlo, avrebbe voluto dire mettere in dubbio la fondatezza dell'inchiesta D'Addario, e fare passare Berlusconi come vittima di magistrati scellerati. Per la verità, che nelle accuse a Laudati qualcosa non tornasse lo sospetta addirittura Guido Calvi, principe del foro convintamente e orgogliosamente di sinistra – un uomo che in carriera ha difeso tra gli altri Pietro Valpreda e il dissidente greco Alexandros Panagulis –, e un suo dubbio risulta dai verbali di una seduta del Csm di cui lui, in quel momento, era consigliere. Ma quel dubbio non sfonda e la caccia a Laudati non si ferma. Neppure io, che Laudati lo conosco e che Calvi lo stimo, posso farci nulla. Anzi, da presidente dell'Anm sono tra quelli che imbracciano il fucile, nonostante una reazione inaspettatamente tiepida della componente barese di Magistratura democratica, con buone probabilità consapevole che sarebbero potute emergere una serie di anomalie: rapporti e frequentazioni tra il presidente della Regione Puglia Nichi Vendola e alcuni giudici del suo processo, conclusosi con una richiesta di archiviazione. Cosa che effettivamente avviene. Nel febbraio del 2013 alcuni giornali, tra cui il settimanale «Panorama», pubblicheranno infatti alcune fotografie che creeranno molto imbarazzo nell'ambiente dei giudici baresi, e più in generale all'interno della magistratura. Oggi si direbbe che è una foto nella quale magistratura e politica siedono alla stessa tavola. Quella foto diventerà poi molto virale per la presenza di giudici importanti nel distretto barese, tra cui Gianrico Carofiglio, oggi scrittore di fama, Francesca Pirrelli e Susanna De Felice, che aveva indagato sullo stesso Nichi Vendola. Nella mailing list dell'Anm i rappresentanti della sinistra giudiziaria barese cadono nella trappola che gli hanno teso i magistrati contro le correnti (Lima, Saracino, Reale e Balsamo) e si affannano a spiegare che anche loro sono contro Laudati, in una sorta di *excusatio non petita*. Nel mio percorso ritroverò Gianrico

Carofiglio e Francesca Pirrelli nelle cene romane che precedono le nomine a casa di Paola Balducci.

Torneremo sul manovratore del sistema: mi spieghi meglio come funzionava in quella stagione. Insomma, dalla D'Addario a Ruby il passo è breve.

Quello delle donne è un buon filone, mediaticamente funziona, e di certo indebolisce la figura del presidente Berlusconi. Ma attenzione, se la procura di Bari è una palude dove magistrati e indagati si fanno fotografare insieme a tavola, quella di Milano, dove nel maggio del 2010 si incardina l'inchiesta Ruby – vale la pena di ripeterlo – è un fortino ben strutturato. A dirigerlo è Edmondo Bruti Liberati, uno dei magistrati più potenti e temuti d'Italia, vero faro dell'egemonia culturale della sinistra giudiziaria e dei suoi conseguenti riflessi politici. Quando nel gennaio 2011 partono le perquisizioni nelle abitazioni di numerose ragazze, e Berlusconi viene indagato per concussione, lo dico onestamente, siamo tutti un po' perplessi.

La telefonata di Berlusconi alla questura di Milano per segnalare che c'è la disponibilità di una consigliera regionale lombarda, Nicole Minetti, a prendersi in carico la giovane Ruby, fermata per una violenta lite con un'amica, è davvero un reato così grave, o può rientrare in una normale – sia pur delicata – segnalazione-raccomandazione, come se ne fanno tante, anche tra magistrati? Vede, qui scatta la discrezionalità, ma su Berlusconi la discrezionalità non può esistere.

Ci vorranno cinque anni e tre processi per stabilire che il reato non esisteva, ma perché questa volta dice: «Eravamo perplessi»?

Perché quel giorno le discussioni interne alla magistratura – cosa che non si è mai saputa ma che è facilmente ricostruibile – non sono unanimi. Molti colleghi esprimono perplessità. Riassumo i concetti: «Stiamo esagerando», «Così perdiamo credibilità», «Non possiamo contestare al presidente del Consiglio tutti i reati previsti dal Codice penale». Ma c'è poco da fare: primo, perché quando la palla di neve inizia a rotolare non la puoi fermare e sai che diventerà valanga; secondo, perché Bruti Liberati in quelle stesse ore chiede a Giuseppe Cascini, suo referente nella giunta Anm, la solidarietà dell'intera categoria. E qui torniamo alla sua prima domanda: io mi consulto con Loris D'Ambrosio, e condivido tutto con il Quirinale. Così, ancora una volta, procedo come da copione: comunicati di solidarietà ai colleghi milanesi e tutto il resto che ormai ben conosciamo. Precedo la sua osservazione: sì, esattamente l'inverso di ciò che avvenne con De Magistris e la sua inchiesta su Prodi e Mastella, tanto per intenderci.

Voi procedete come da copione. E la procura di Milano? Che lei sappia ha mai fatto autocritica su quella vicenda?

Semmai l'inverso. Le ricordo due cose. La prima riguarda Enrico Tranfa, presidente della Corte d'Appello di Milano, dove il processo Ruby approda in secondo grado, dopo che nel primo Berlusconi era stato condannato a sette anni. Tranfa è per la conferma della pena, ma in camera di consiglio viene messo in minoranza dai colleghi innocentisti. Entra in aula, legge la sentenza di assoluzione e annuncia che, per protesta contro quella sua stessa sentenza, si dimette dalla magistratura. Una scena surreale e paradossale. Come scriverà in una dura nota Giovanni Canzio, primo presidente della Cassazione, siamo alla giustizia che nega la giustizia, Berlusconi non può né deve essere assolto da un legittimo e libero tribunale.

La seconda storia – inversa alla prima – riguarda Antonio Sangermano, uno dei pm che condussero, insieme a Ilda Boccassini, tutta l'inchiesta Ruby. La Cassazione, nel marzo 2015, scagiona definitivamente Berlusconi e qualche anno dopo Sangermano, da gran signore, interpellato commenta che l'assoluzione del Cavaliere va accettata e rispettata, che «Berlusconi è un leader di levatura obiettiva, e sul piano politico lo può giudicare solo il popolo. Espellerlo dal Senato applicando retroattivamente la legge Severino è stata una evidente forzatura della Costituzione». Apriti cielo, parte un fuoco di fila organizzato dall'Anm, al quale anche io partecipo, e si arriva pure a chiedere le sue dimissioni. È ovvio che un clima del genere intimorisce i singoli magistrati, le cui carriere sono nelle mani di pochi eletti. Come dire: guardate che qui dentro il dissenso dalla linea ufficiale non è ammesso, neppure a posteriori, neppure se Berlusconi è fuori dai giochi, perché nessuno può permettersi di riscrivere la storia.

È un clima di terrore, va bene. Ma lei non se n'era accorto, non provava disagio?

Quando sei immerso nel «Sistema» ti manca la prospettiva. A volte quel clima lo creavo, altre lo subivo. Le racconto un aneddoto che riguarda ancora Bruti Liberati, a proposito del controllo militare del «patto di sistema» per contrastare Berlusconi.

Luglio 2011, quartultimo mese di vita del governo di centrodestra. Per un motivo a me sconosciuto Angelino Alfano lascia il ministero della Giustizia per prendere le redini del Popolo della Libertà. Per sostituirlo si fa il nome di Nitto Palma, ex magistrato, senatore di Forza Italia, nonché – come già detto – mio testimone di nozze. Io subisco un test di integrità morale e di fedeltà: Luca reggerà ancora, se dovesse arrivare il suo testimone di nozze, o inizierà a piegarsi? Devo essere testato, si muove addirittura il procuratore di Milano, Bruti Liberati appunto, anche se formalmente un procuratore dovrebbe rimanere estraneo a questioni che riguardano i rapporti con un ministro. Il 3 agosto 2011 mi scrive un'e-mail che conservo: «Caro Luca, in questi giorni sono solo molto occupato, proverò a chiamarti ma nel frattempo butto giù alcuni punti...». I punti sono due. Il primo riguarda una consulenza retribuita, da parte dell'Anm, da offrire al suo amico Muzi Falconi, un comunicatore lobbista della sinistra con il quale lui aveva già lavorato. Il secondo: «Mi permetto di sottolinearti ciò che certo non ti sfugge. Questo Nitto Palma ha tutto l'interesse a fare il buonista. Poco importa che sia la stessa persona che ai tempi del ministro Castelli si collocava tra i super falchi contro di noi, e ne ho avuto esperienza in diversi incontri in commissione Giustizia, dove l'allora presidente Pecorella faceva la figura della colomba. Tu hai fatto bene nella tua intervista a dire che il dialogo, il confronto sarà sui contenuti, che il fatto che il ministro sia magistrato non cambia né pro né contro, ma è ben chiaro che la prudenza dovrà essere raddoppiata. E oltretutto tu personalmente devi cercare di marcare le distanze più di quanto non sarebbe strettamente indispensabile, proprio per evitare che si tiri in ballo la vicenda del testimone di nozze». In altri contesti questa e-mail si definirebbe un pizzino, della serie: o tieni il punto o te ne vai.

O forse è un consiglio? È noto che in quel momento la sua poltrona traballa. Lei come risponde a Bruti Liberati?

Gli faccio sapere che io non temo in alcun modo le mie vicende personali, tra l'altro parliamo di una cosa accaduta dodici anni prima, quando Nitto per me era un collega della porta accanto e io ero addirittura iscritto a Magistratura democratica. Le nostre strade si dividono quando lui nel 2001 decide di candidarsi con il centrodestra. La sua nomina a ministro, peraltro, si era sbloccata con una telefonata, ancora una volta, tra me e Loris D'Ambrosio, con il quale avevo già avuto modo di confrontarmi sull'argomento. Ricordo che mi disse: tranquillo, Milano è contraria ma non decidono loro. Mi chiese di fare una verifica interna all'Anm. Ai miei compagni di giunta spiegai che mi sentivo in grado di affrontare questa nuova fase, di tenere separata l'amicizia dal lavoro: se Nitto farà bene, io gli dirò che fa bene, se ritorniamo con le leggi ad personam e tutto quanto il già visto, allora saprò cosa fare.

Il 27 luglio 2011 Nitto Palma diventa ministro della Giustizia, il vostro rapporto non può neppure essere messo alla prova perché di lì a poco, il 16 novembre, quel governo cadrà. Durante l'estate tutto precipita velocemente. Il governo è indebolito per l'uscita dalla maggioranza, avvenuta un anno prima, di Gianfranco Fini e di un gruppo di deputati e senatori che avevano fondato il partito Futuro e Libertà. Si è fatta molta letteratura sul perché Fini abbia mollato Berlusconi, e si è arrivati a ipotizzare una regia del Quirinale, oltre che una «moral suasion» della magistratura su di lui, per alcune inchieste che avrebbero potuto coinvolgerlo.

Quando nel dicembre del 2010 si parla di un possibile patto tra la magistratura e Gianfranco Fini, ben visto dal Colle, non si va lontano dalla verità. Con lui, in quel momento presidente della Camera, troviamo un'inaspettata sponda in campo avverso, quello del centrodestra di cui lui è il numero due dopo Silvio Berlusconi. Abbiamo più di un incontro, ci rassicura che con lui a dirigere la Camera non varerà nulla di sgradito ai magistrati. Tra noi certamente c'è un buon feeling che diventa collaborazione attiva nel fornirgli pareri e spunti per emendare leggi che, direttamente o indirettamente, riguardano il nostro mondo. C'è anche un singolare inedito che caratterizza i nostri incontri. In un'occasione in cui andiamo da Fini con la giunta dell'Anm al completo, con noi c'è anche Pierluigi Picardi, un magistrato della corrente di Area, teoricamente quella di sinistra e più ostile al governo. Quando i due si incontrano, seppur in veste ufficiale, si riconoscono e rievocano i tempi camerateschi di gioventù.

Avevate trovato il Cavallo di Troia.
C'è un fatto incontestabile. Nell'estate del 2010 «il Giornale» pubblica un'inchiesta ipotizzando il coinvolgimento di Gianfranco Fini nella vendita sospetta al cognato Giancarlo Tulliani di una casa, la famosa «casa di Montecarlo» che faceva parte del patrimonio di An. Fini nega ripetutamente e, il 26 ottobre, la procura di Roma annuncia – fatto anomalo – non l'apertura, avvenuta stranamente senza alcuna fuga di notizie, bensì la chiusura per archiviazione di un'inchiesta lampo condotta personalmente dal procuratore capo di Roma Giovanni Ferrara, probabilmente la più veloce nella storia, su quella casa e su Fini. Ma anni dopo, il 13 febbraio 2017, Gianfranco Fini, per quella stessa ipotesi di reato, viene rinviato a giudizio per riciclaggio, e suo cognato scappa all'estero dove ancora oggi si trova, latitante a Dubai. Questa seconda inchiesta viene portata avanti dal nuovo procuratore di Roma, Giuseppe Pignatone, e recepita dal giudice delle indagini preliminari Simonetta D'Alessandro, una cara amica che mi teneva aggiornato su tutto. Era solita organizzare cene ristrette a casa sua, alle quali partecipavano magistrati, giornalisti, uomini delle

forze dell'ordine e delle istituzioni. Una volta disse di essere molto preoccupata che il suo nome potesse essere infangato all'interno dell'inchiesta Mafia capitale, per via di un ingiusto coinvolgimento di un consulente al quale aveva affidato degli incarichi, e che Pignatone l'aveva tranquillizzata scrivendole un biglietto. Ora, è evidente che nel 2010 Giovanni Ferrara probabilmente non ha compiuto una corretta valutazione. Se a causa della fretta o di qualcosa d'altro lo lascio scrivere a lei.

Me ne guardo bene, io penso che in quel momento Fini che si allea con la sinistra fosse funzionale al disegno di indebolimento del governo che il «Sistema» stava perseguendo.

Più che funzionale, credo. Però può scrivere un fatto che nessuno può smentire o contestare, un fatto che di nuovo riguarda l'intreccio tra politica e magistratura e che all'epoca sfuggì ai più. Un anno dopo aver archiviato l'inchiesta, Giovanni Ferrara si dimette da procuratore di Roma con qualche mese di anticipo sulla pensione e viene nominato, in quota Fli di Gianfranco Fini, sottosegretario agli Interni del governo Monti.

Coincidenza sospetta, un indizio che lo strappo di Fini che affossò il centrodestra non fosse tutta farina del suo sacco.

A prescindere dal caso singolo, il potere delle procure a volte è quello di fare un'inchiesta partendo da una velina e di tirarla per le lunghe, altre di non farla pur davanti all'evidenza dei fatti concreti. Soprattutto se la grande stampa

– come per coincidenza avvenne nel caso di una casa in mattoni e cemento nel pieno centro di Montecarlo – gira la testa dall'altra parte o minimizza e i partiti di sinistra pure. Si ricordi la regola aurea del tre, le tre armi del «Sistema»: una procura, un giornale amico, un partito che fa da spalla politica. Funziona contro qualcuno ma anche a difesa di qualcuno. Con Berlusconi avviene contro, con Fini e con tanti altri a difesa. E lo ripeto ancora una volta a scanso di equivoci. Io ora non sto discutendo se uno è o meno colpevole, mi riferisco a come, oltre un certo livello, i reati o presunti tali vengono gestiti in base a criteri che con «la giustizia è uguale per tutti» hanno poco a che vedere. Ma non solo con la giustizia, lo stesso vale per l'etica.

Su questo non intendo sollecitarla, temo che ci si possa allargare un po' troppo, ed entrare in un campo minato.

Non si preoccupi, faccio solo un esempio. Credo che tutti ricordino la polemica per il servizio mandato in onda da un telegiornale Mediaset sui pedalini azzurri del giudice Mesiano, quello che condannò Berlusconi a pagare 750 milioni di euro a De Benedetti per la vicenda del lodo Mondadori. «Vergogna», «inaccettabile», «un attacco immorale» fu la reazione sdegnata dei magistrati, «cosa c'entrano i calzini con le capacità professionali?». Bene. Nel 2018 si elegge il nuovo vicepresidente del Csm e tra i candidati – meglio sarebbe dire autocandidati – c'è Fulvio Gigliotti, membro laico eletto dai Cinque Stelle. Sa qual è la battuta che circolava nelle sacre stanze del Csm che si erano indignate per Mesiano? Questa: «Uno che si presenta con scarpe blu con i bordini bianchi per definizione non può fare il vicepresidente».

Siamo più nell'ambito dello stile che dell'etica. Tornando al nostro 2011, inchiesta dopo inchiesta arrivate alla meta: il governo Berlusconi si arrende.

Che Berlusconi cadde per le inchieste lo dice lei. Quel giorno me lo ricordo bene. Anzi, le dirò che io seppi prima di molti altri, compresi gli interessati, quello che stava per arrivare.

Il potere è controllo
Il Quirinale e la gabbia alla Severino

Una cosa è difendere i magistrati che indagano su un esponente politico avverso a buona parte della categoria, un'altra essere testimoni, attivi o passivi me lo dirà lei, di un governo che tra mille polemiche e in un momento di grande tensione economico-finanziaria sta per essere accompagnato alla porta. Lei che ruolo gioca in quei mesi del 2011?

Non saprei risponderle con esattezza, non si tratta di un ruolo giocato. Però posso raccontarle come sono andate le cose. Nella decisiva estate del 2011 mi era capitato di avere colloqui diretti con il presidente Napolitano, a volte bypassando anche il protocollo. Il presidente voleva capire da me come l'Anm intendeva muoversi su quel delicato e incandescente scacchiere di fine anno. I primi di novembre mi chiama Loris D'Ambrosio – siamo nei giorni della piena emergenza economica per lo spread alle stelle – per dirmi che era opportuno fare una chiacchierata di persona con il presidente e di portare pure Giuseppe Cascini, segretario dell'Anm e uno dei leader della sinistra giudiziaria. Il governo Berlusconi era sotto bersaglio da più parti e nel colloquio avemmo una sorta di anticipazione implicita che presto sarebbe finita un'epoca, un ciclo. All'uscita dal Quirinale mi ricordo perfettamente la frase di Cascini: «Ti rendi conto, ci ha fatto capire che per Berlusconi è finita». Missione compiuta, abbiamo portato a casa la pelle, la città è salva, il nostro compito è finito.

Anticipazione implicita vuol dire tutto e niente. Sia più preciso, che cosa vi siete detti? Parliamo di un momento delicatissimo, in cui c'era un governo in difficoltà, ma pur sempre in carica.

Diciamo che è stato un po' il resoconto della nostra attività, che il Quirinale aveva costantemente, anche tramite Loris D'Ambrosio, seguito da vicino e condiviso. È pacifico che tutte le iniziative e le posizioni assunte dall'Anm di quegli anni erano sostenute dal presidente della Repubblica. La mia percezione fu che questo incontro, diciamo così, suggellasse il lavoro svolto in una fase specifica. Per capirci, nessuno disse esplicitamente: «Abbiamo mandato via Berlusconi», ma il senso del discorso portava a quella conclusione. Qualche giorno dopo, il 16 novembre, Berlusconi sale al Colle per dimettersi e inizia la stagione di Mario Monti.

Provo a mettermi nei suoi panni: una rivoluzione copernicana. Lei che cosa si aspetta?

Le caselle del nuovo governo sono ancora da definire, o quantomeno da approvare, perché essendo un esecutivo tecnico e ad ampia maggioranza c'è una sorta di attacco alla diligenza. Si faceva qualsiasi nome, a un certo punto girava anche il mio. Del resto avevo molti rapporti e molte conoscenze. Già nelle discussioni che avevo fatto con Gianni Letta, così come in alcuni incontri con Maurizio Migliavacca, il braccio destro di Bersani, si era andati sull'argomento. Non avevo dietro un potentato, ma mi conoscevano bene sia Nicola Zingaretti sia Andrea Orlando, e proprio lui, a margine di un nostro congresso a Napoli, mi ventilò in un discorso qualcosa del genere, un posto non necessariamente da ministro ma comunque di impegno nel nuovo governo che stava per nascere. Per me però, e mi sembra di averlo detto con chiarezza, il referente principale non era il Pd, ma il Quirinale. Loris D'Ambrosio, che stranamente in quei giorni caldi non mi cerca, si fa vivo la sera prima della formazione del governo. Mi dice: «Luca scusa, sono stato impegnato, è stato faticoso trovare la quadra. Abbiamo deciso che il nome per la Giustizia è quello di Paola Severino». Interpreto quella telefonata come una sorta di «cerca di capire la situazione, non si poteva fare diversamente» da un lato, e dall'altro «sai, il regista di tutto non sono io, ma il presidente». Subito dopo la nomina della ministra, Loris mi chiama di nuovo: «La Severino» mi dice «è un grande avvocato ma non conosce il nostro mondo, non conosce gli equilibri della magistratura e tantomeno quelli della politica. Tu la devi aiutare, devi avere un feeling con lei, è importante anche per noi».

Cosa significa quel «per noi»?
Non so con certezza a cosa e a chi si riferisse, ma mi dice: «A questo punto tu devi essere chiaro con lei». Nel senso che dovevo mettere i miei uomini al ministero, cosa

che per il «Sistema» è importantissima. È il preludio alla mia seconda vita, quella della gestione del potere interno alla magistratura.

Ancora più potere? Non capisco, fin qui lei non ne aveva abbastanza, tra nomine, contatti ai massimi livelli, posizioni a difesa di inchieste che oggi ammette discutibili?
Era una cosa diversa. Avevo vissuto una fase che definirei politica: ero parte della squadra che aveva contrastato il governo Berlusconi e nel farlo avevo acquisito rapporti e visibilità, sia interna sia esterna. Ora D'Ambrosio mi sollecita a costruire, mettere le pietre, partecipare alla spartizione del potere, quello vero, quello dei ministri e delle poltrone. Profondo conoscitore del nostro mondo, lui sa che tutto si basa sul manuale Cencelli e quindi vuole dirmi: non lasciare tutto agli altri, dopo quello che hai fatto piazza i tuoi uomini di Unicost nei posti chiave e vedrai che andrà tutto bene. Con questo obiettivo organizzo il primo incontro con la Severino, in un ristorante del ghetto ebraico di Roma. Lei mi spiega la sua sfida e mi ribadisce la sua fiducia. E io faccio quello che devo fare.

Mi sta dicendo che avete circondato e ingabbiato la Severino, ancora prima che giurasse da ministra?
Le sto dicendo che ogni corrente ha piazzato i suoi al ministero nella più classica delle lottizzazioni, persone che lei neppure conosceva. Del resto il potere è innanzitutto controllo.

Tra noi si instaurò un buon rapporto. La mia esperienza all'Anm, dopo quattro anni di presidenza, si stava per concludere, ma per tre mesi accompagnai la ministra nei suoi primi passi, anche perché facevo da ponte con Michele Vietti, il vicepresidente del Csm che da capocorrente Unicost avevo contribuito a far eleggere.

Ecco, dopo quattro anni, nel marzo 2012, finisce la sua esperienza all'Anm. Si forma la giunta nuova, eppure anche in quel caso lei è decisivo per la nomina del suo successore.
Veniamo da un periodo anomalo, qualcosa che al nostro interno non si era mai verificato: quattro anni con lo stesso presidente, il sottoscritto. Via Berlusconi, Cosimo Ferri, leader della corrente di destra, in quel 2012 si candida a prendere il mio posto. Io gli contrappongo Rodolfo Sabelli, un magistrato molto tranquillo della procura di Roma che si è distinto per avere coadiuvato l'allora procuratore aggiunto di Roma, Giancarlo Capaldo, in importanti inchieste, salvo poi prenderne le distanze quando, come vedremo, quest'ultimo finirà coinvolto nella vicenda Tremonti-Milanese. Si va ai voti, Sabelli non decolla per via di dissidi interni alla nostra corrente Unicost – chiamiamole pure faide – e perché oggettivamente non è titolato, dato che non ha alle spalle nemmeno un giorno di politica associativa. Mi metto d'accordo con Marcello Matera e attiviamo il gioco delle alleanze, in virtù del quale riusciamo a far eleggere Sabelli eliminando i suoi concorrenti: il napoletano Michele Ciambellini di Unicost e il romano

Nicola Di Grazia della corrente di Area, bruciato a sua volta anche dal fuoco amico.

Era una bella soddisfazione, lo riconosco, pensavo di mantenere il controllo della baracca, eppure nella mia testa c'era qualcosa che non tornava. Devo essere sincero, dopo quattro anni in prima linea mi ero assuefatto al potere che deriva dalla visibilità: ero richiesto nei convegni, dalle televisioni e dalla stampa. Allo stesso tempo, però, non sopportavo più di dover essere utilizzato per continuare ad attaccare un nemico, Berlusconi, che per altro era uscito di scena. Non rinnegavo nulla, avevo vinto la battaglia, ma sapevo anche che c'erano state forzature. Sono in quel momento stufo di tirare fuori a comando dichiarazioni contro Berlusconi e il centrodestra, e mi rendo conto che negli ultimi anni non ho fatto il magistrato: io ho fatto politica. Non dentro un partito politico ma inserito in un sistema politico. Ho confuso i ruoli, certo, ma è giusto dire che non ero un pazzo isolato: eravamo in tanti ed eravamo compatti, eravamo diventati quelli di una parte pronti a colpire l'altra, e non c'entravamo più nulla con il collega che si alza ogni mattina e si deve occupare di furti, rapine, separazioni e fallimenti. Ho sguazzato in questa situazione? Sì, eccome. L'ho cavalcata, a tratti? Sì, certo, e l'ho fatto al meglio delle mie possibilità. In qualche modo, per uscire dallo sdoppiamento di ruoli, in quei giorni sto pensando alla politica? Direi di sì, al punto che inizio a parlarne: le elezioni saranno nel 2013, mi confronto sia con Franco Marini sia con Maurizio Migliavacca, l'uomo delle liste nel Pd di Bersani, seguendo l'esempio di miei illustri predecessori dell'Anm, tra cui Elena Paciotti, che subito dopo quell'esperienza erano transitati in politica nelle file del Partito democratico. Sui temi della giustizia mi sentivo di poter essere in qualche modo considerato, ma venni a sapere che Bersani aveva individuato per quel ruolo Pietro Grasso, il decano dei magistrati palermitani, noto per tante cose, ma non certo, almeno nel nostro ambiente, per essere di sinistra. In quel momento era in ballo pure Antonio Ingroia, il pm che da Palermo gestiva l'inchiesta sulla trattativa Stato-mafia, e si era creato una sorta di derby tra chi nel Pd voleva Grasso e chi Ingroia, due profili completamente diversi dal mio. Grasso accetta con l'impegno, mi risulta anche del Quirinale, che una volta eletto farà o il ministro della Giustizia o il presidente del Senato. Ingroia per ripicca si fa il suo partitino, Rivoluzione Civile, e si candida a premier, ovviamente destinato a schiantarsi contro un muro. In quel periodo ho contatti anche con Luca di Montezemolo, che si diceva stesse valutando una discesa in campo diretta o indiretta, che poi però non avverrà.

Quello che ha lei per la sinistra, mi sembra di capire, è un amore non corrisposto, in un momento difficile per gli orfani dell'antiberlusconismo militante.

Diciamo una relazione complicata. Eppure, come sempre è accaduto nella mia vita, io rinasco nei momenti più difficili. In quei giorni prendo coscienza di una cosa, in fondo non ero messo male nel mio mondo naturale, quello della magistratura: rapporto con il ministro della Giustizia, rapporto con il vicepresidente del Csm, rapporto con il Quirinale... Avevo creato un blocco dove sapevo con chi andare a parlare, compresi, in quel momento, il gran manovratore Gianni Letta, Renato Schifani, presidente del Senato, e Giulia Bongiorno, presidente della commissione Giustizia della Camera.

Vede, le elezioni potranno cambiare alcuni nomi, ma il «Sistema» non cambia mai: basta aggiornare l'agenda. Quindi ci ragiono e decido: invece di mettermi in fila per un posto in politica che potrebbe anche non arrivare, mi do come obiettivo quello di entrare al Csm, il cuore della magistratura, la cassaforte che custodisce mille segreti che adesso, nome per nome, nomina per nomina, sono pronto a raccontare.

Cane non morde cane
La marcia su Roma di Pignatone

Mi ha spiegato la regola aurea del tre, e quanto possono pesare le inchieste delle procure negli equilibri anche istituzionali del nostro Paese, quando ci sono dei giornalisti che amplificano e una parte politica che beneficia della triangolazione. Ora, immagino che decidere chi debba andare al vertice delle procure più importanti significhi avere in mano le leve che contano. Del resto, se siamo qui a parlarne, è perché lei negli ultimi anni è stato un maestro nel gioco delle sedie.

Sì, ma non da solo. Finita la stagione del berlusconismo imperante, entriamo quindi nel 2012, arriva la quiete sul fronte politico. I governi di Mario Monti e, dopo le elezioni del 2013, di Enrico Letta si tengono ben alla larga dal voler interferire con la magistratura. E la magistratura non ha motivo di interferire con loro. Mi dedico quindi a tempo pieno all'attività in cui riesco meglio: costruire la rete della magistratura italiana.

Per avere tutti gli elementi necessari, le propongo una fuga in avanti: inizio 2019, quando, sapendo di essere indagato, comincio a usare un minimo di precauzioni soprattutto nelle comunicazioni – sono un magistrato e so come funziona un'inchiesta – e non apro né e-mail né messaggini di cui non identifico il mittente – saprò poi che questa cosa manda fuori di testa chi invece vorrebbe il contrario, cioè entrare nel mio cellulare attraverso un mio click casuale. La mattina del 3 maggio 2019, alle 10:20, però, casco nella trappola. Sul mio telefonino ricevo il seguente messaggio da Vodafone, la compagnia che gestisce la mia scheda: «Gentile cliente, stiamo riscontrando problemi di linea che potrebbero impedire il corretto funzionamento del tuo dispositivo. Esegui subito l'aggiornamento su questo link, a breve ti contatterà il nostro servizio tecnico per configurare il tuo dispositivo». Mi fido, clicco sul link ed è la mia fine. Dentro quel messaggio la procura di Perugia, in accordo con la compagnia telefonica, ha incorporato il virus trojan che da quel momento, le 10:24 del 3 maggio, alle 11:10 del 31 maggio – mentre ero impegnato nelle trattative per scegliere il nuovo procuratore di Roma che dovrà sostituire l'uscente Giuseppe Pignatone – spierà la mia vita giorno e notte.

Il contenuto di quelle trascrizioni, come pure le chat e i messaggi estratti dal cellulare, è ormai noto, i giornali ne hanno pubblicati centinaia. C'è di tutto, ma non c'è tutto. Penso, e sono solo degli esempi, alla nomina del procuratore di Reggio Emilia Marco Mescolini, fortemente sostenuto dal Pd locale, e a quella di Gianpiero Di Florio, che nel dicembre del 2014 il Csm targato Legnini nominerà procuratore di Vasto (fugando in questo modo i dubbi e le perplessità che durante la mia presidenza all'Anm erano stati sollevati in occasione dell'arresto di Del Turco, da tutti stimato per la sua attività di presidente della commissione antimafia, per il mancato rinvenimento della somma di denaro oggetto della corruzione). Ma più che altro emerge il sottobosco della lottizzazione: piccoli piaceri, tipo i biglietti per lo stadio, pressioni e liti per nomine di secondo piano, invidie e gelosie tra colleghi, e cose simili. C'è pure il magistrato che per una nomina si segnala non con il proprio nome e cognome ma in qualità di «marito di» una collega più importante e famosa. L'abbiamo nominato senza sapere nulla di lui, neppure il cognome, solo in quanto «marito di». E c'è il «pizzino» del collega del Csm Francesco Cananzi, oggi in prima fila a chiedere il rinnovamento, che mi dà la sua terna di colleghi da votare alla cieca. Per inciso, Francesco Cananzi è il figlio di Raffaele Cananzi, deputato nella XIII legislatura per l'Ulivo e sottosegretario alla presidenza del Consiglio dei ministri nel secondo governo Amato. Forse anche per questo la corrente di Unicost napoletana indicherà il suo nome come componente del Csm, preferendolo a quello di altri magistrati.

Per dirla alla Mattarella, non è un bello spettacolo.

Ovvio, ma ci sono due cose da precisare. La prima mi sembra scontata: nei telefoni dei miei colleghi «signori delle tessere» c'è il resto della storia, basterebbe andarli a prendere, se si ritiene davvero che costituisca reato. La seconda è che in quelle chat ci sono solo piccole tracce di ciò che conta davvero. Tutto quello che riguarda procuratori e giudici di prima fila, alcuni oggi in ruoli apicali, non compare, o perché le loro vicende sono precedenti all'ascolto del «grande fratello» o perché, in alcuni casi, per una strana coincidenza il «grande fratello» si è distratto o si è tappato le orecchie.

Sulla prima osservazione, sembra scontata anche a me. Sulla seconda possiamo provare a essere buoni: può capitare, nessuno è perfetto.

Già, proviamoci. Ma allora è il caso di integrare la parte mancante del racconto, giusto per dovere di cronaca, e non ridurre il «caso Palamara» a una squallida vicenda di seconde file. Perché io non solo ero in prima fila. Avevo il potere, insieme ad altri, di decidere chi doveva stare in prima fila. E parlo anche di uomini che nel «Sistema» diventeranno ben più potenti di me.

Fine della fuga in avanti. Da dove cominciamo?

Dall'inizio direi, dal primo colpo da novanta che metto a segno giusto a cavallo tra le mie due vite, cioè tra il 2011 e il 2012, e che segnerà la mia storia ma anche quella di tanti altri: intestarmi la nomina di Giuseppe Pignatone a procuratore capo di Roma, *caput mundi* anche per la magistratura. Pignatone, oggi presidente del tribunale dello Stato del Vaticano, lo conosco nel 2011, quando come presidente Anm intensifico la mia presenza a Reggio Calabria, dove lui opera in qualità di procuratore. Si era messo in luce nella lotta alla 'ndrangheta grazie anche a un'inedita collaborazione con la procura di Milano. Di lì a breve si sarebbero liberate due procure importanti, quella di Napoli e quella di Roma, e Pignatone, ben conoscendo il mio ruolo nella politica associativa, inizia a parlarmi delle sue ambizioni future. Capisco che per lui Reggio Calabria è una sorta di esilio professionale e personale. Non ama quella città, nei suoi racconti di vita e di professione c'è Palermo, casa sua, anche se lì più volte era stato tradito. Gli brucia soprattutto quanto accaduto tanti anni prima, nel 1993, quando Gian Carlo Caselli, uomo della sinistra giudiziaria e, come noto, molto legato a Luciano Violante, una volta insediatosi come procuratore lo relega a incarichi marginali. Dopo l'arrivo di Pietro Grasso al posto di Caselli, Pignatone riesce a riemergere con un ruolo importante nella cattura del boss Provenzano, poi però nel 2006, ancora una volta, il Csm, nel quale sedeva anche Giovanni Salvi, lo ferma e fa passare avanti Francesco Messineo, sicuramente meno titolato di lui, quale nuovo procuratore della Repubblica.

Quindi, se ben capisco, secondo la sua versione Pignatone scappa da Palermo e si rifugia a Reggio, che però non ama. Quello che non mi è chiaro è perché questa storia è così importante.
Perché il punto di arrivo di questi spostamenti è Roma, ma anche perché la vicenda illustra al meglio un aspetto fondamentale: Pignatone aveva capito che, per quanto bravo fosse, senza sponde nelle correnti e nelle istituzioni non avrebbe mai raggiunto obiettivi importanti, e lo aveva sperimentato sulla sua pelle. Io sono il suo gancio con il sistema,

e lui diventerà un pezzo pregiato del mio sistema, al punto che scherzando con sua moglie Piera arriverò a dirle: «Guarda che io non riconosco capi all'infuori di Pignatone».

E così Pignatone arriva a Roma...
Non fu una passeggiata. Lui in realtà pensava più alla procura di Napoli; io, siamo a cavallo tra il 2011 e il 2012, lo convinsi in un incontro avvenuto proprio a Napoli, all'Hotel Vesuvio, che era meglio concentrarsi su Roma, dove c'erano più possibilità di successo e di future soddisfazioni, anche se Roma non era abituata a un papa straniero. La sua idea di fondo è quella di sviluppare la lotta alla mafia anche nella capitale. Io ovviamente metto a sua disposizione le conoscenze che ho rispetto a quell'ufficio, e al fatto che negli ultimi anni non ci sia stata una grande attenzione su questi temi. I contenuti di quel mio colloquio li ritroverò meglio dettagliati in un successivo articolo a firma di Lirio Abbate, pubblicato sul settimanale «L'Espresso», che di fatto anticiperà l'indagine di Mafia capitale, e in seguito nel romanzo *Suburra*, scritto dal giornalista Carlo Bonini e dal magistrato Giancarlo De Cataldo (il quale, ironia della sorte, finirà intercettato con Salvatore Buzzi, ma nonostante questo sarà assolto dal Csm). Restiamo a quell'incontro e alle carte sul tavolo: lui si fida di me, era quotato nella mia corrente e godeva di simpatie in quella alla mia destra, Magistratura indipendente. Sicuramente non aveva nulla a che fare con la sinistra di Magistratura democratica. Partita complessa, insomma.

Chi era il concorrente di Pignatone per quella poltrona?

Giancarlo Capaldo, uno degli aggiunti del procuratore uscente Giovanni Ferrara. Capaldo aveva fatto una bella marcia di avvicinamento, si era occupato di grandi casi, da Emanuela Orlandi a Finmeccanica fino al Vaticano, ed era diventato un riferimento all'interno dell'ufficio. All'epoca però c'è una sua indagine che comincia a creare tensioni, proprio quella su Finmeccanica, azienda strategica per lo Stato. Quello che Capaldo sottovaluta è che, quando si elegge un procuratore, a Roma si aggira sempre un «cecchino» e l'attenzione deve essere massima. Lui fa il passo falso: va a una cena con il ministro dell'Economia Tremonti e con il suo braccio destro Milanese, che era coinvolto nell'inchiesta Finmeccanica. Capaldo vede Tremonti per parlare dell'inchiesta, o per avere un appoggio, una sponda politica per la sua nomina? Chissà, forse per tutte e due le cose, ma sta di fatto che il cecchino spara e lo centra: rivela l'incontro alla stampa, e la sua candidatura salta. Il posto di Capaldo nell'indagine Finmeccanica verrà preso da Paolo Ielo, che di fatto spazzerà via i «Capaldo boys», come scherzosamente chiamavamo tutti i pubblici ministeri che lo affiancavano nelle inchieste più delicate, come fossero magistrati alle prime armi.

È già la seconda volta, in questo racconto – la prima fu quando divenne presidente dell'Anm nel 2008 – che un cecchino le spiana la strada, a lei e ai suoi piani. Non lo trova sospetto?

Non frequento killer, e comunque anche io ne sarò vittima. Certo, se quella cena con Tremonti non fosse venuta fuori, difficilmente Pignatone sarebbe sbarcato a Roma, e io avrei avuto grande difficoltà a far desistere tutti coloro che volevano Capaldo, e soprattutto a convincere Paolo Auriemma a rappresentare nel 2012 il Csm a Reggio Calabria, in occasione dell'inaugurazione dell'anno giudiziario, per dare a Pignatone un segno tangibile del nostro sostegno.

Siamo nel marzo di quell'anno, Pignatone è nominato procuratore di Roma all'unanimità.

E subito si ritrova un po' di problemi. Non ha una sua squadra di polizia giudiziaria, non ha un vice di cui fidarsi – Capaldo ovviamente non ha preso bene il suo arrivo – ed è guardato con sospetto dai colleghi di sinistra, che a Roma sono la maggioranza. Organizzo una cena tra il loro leader, Giuseppe Cascini, e noi due, lo aiuto a circondarsi di investigatori di sua scelta – qualcuno dirà che si era fatto una polizia privata – ma soprattutto mi impegno a portargli a Roma come vice il suo braccio destro di sempre, il procuratore aggiunto Michele Prestipino, che era rimasto a Reggio Calabria a fare la guardia all'ufficio. Con lui Pignatone – fu una sua confidenza – avrebbe voluto cambiare l'agenda della procura di Roma, sterzare su grosse indagini contro la criminalità organizzata mafiosa, come aveva fatto a Palermo prima e a Reggio Calabria poi. Mafia capitale, l'inchiesta che ha messo sottosopra Roma e ha fatto parlare il mondo intero, nasce da, come potremmo dire... da una «deformazione professionale» di Pignatone, anche se poi l'impianto non ha retto il giudizio della Corte di Cassazione, a fine 2019 ha escluso il carattere mafioso dei reati contestati agli imputati.

Roma è da sempre piuttosto problematica, anche prima di Mafia capitale.

E infatti, prima degli arresti di Mafia capitale, Pignatone, che è solito confidarsi con me, mi comunica che è intenzionato a prendere parte a un convegno del Partito democratico. Rimango colpito da quest'idea, anche perché da quando è venuto a Roma non c'è mai stata una sua partecipazione a iniziative politiche. Gli esprimo le mie perplessità, perplessità che resteranno inascoltate.

Teniamo conto che nei mesi successivi la procura di Roma indagherà l'allora sindaco Ignazio Marino. La vicenda crea imbarazzo anche all'interno del Csm, perché Giovanni Legnini è molto amico di Marino. In più occasioni, durante gli abituali incontri con Pignatone, Legnini proverà a perorare la causa del sindaco, ma la posizione di Pignatone sarà inflessibile, come raramente mi è capitato di notare. E infatti Legnini capisce l'antifona e lascia stare, non prima di aver annunciato a Marino, il giorno prima della sentenza, che sarebbe stato condannato perché era una sentenza politica e che c'erano state pressioni sul gip Balestrieri.

Non è una città facile, Roma. Lei però è una buona guida: conosce tutti, sa come muoversi.

E infatti, appena sono nominato al Csm, nel 2014, Pignatone mi chiede di partecipare a una cena a casa di Paolo Ielo. Quella tavolata serve a siglare un patto, ma soprattutto a creare un canale tra la procura di Roma e il Csm: in buona sostanza io mi farò carico di essere, dentro il Consiglio superiore, la sponda delle istanze di Pignatone, e più in generale dell'ufficio che dirige. A quella cena, oltre al padrone di casa Paolo Ielo e allo stesso Pignatone, partecipano anche Giuseppe Cascini, Stefano Pesci e Rodolfo Sabelli.

Il primo banco di prova arriverà qualche anno dopo, nel febbraio del 2016, quando devono essere nominati i procuratori aggiunti di Roma. Pignatone vuole a tutti i costi Paolo Ielo e Rodolfo Sabelli, sugli altri nomi ho carta bianca. Io sono in difficoltà perché, manuale Cencelli alla mano, devo accontentare anche le richieste della mia corrente. Pignatone comprende le mie titubanze e mi organizza un incontro a due con Paolo Ielo. L'incontro avviene a piazzale Clodio, ci facciamo un giro del palazzo del tribunale e ci diamo la mano. Quella promessa l'ho mantenuta, avrà il mio voto.

I problemi però non sono finiti: balla un altro posto, per il quale hanno fatto contemporaneamente domanda Giuseppe Cascini, Nunzia D'Elia e Stefano Pesci. Sono tutti di Magistratura democratica, e peraltro D'Elia e Pesci sono marito e moglie. A Cascini dico che avrà il mio voto, ma la mia disponibilità gli creerà un profondo dissidio con i suoi amici storici. Per evitare drammi in famiglia, decidiamo allora che voterò per D'Elia; il turno di Cascini, come vedremo, arriverà nel 2017.

Stando così le cose, l'unico a essere tagliato fuori è Stefano Pesci, che però nel frattempo è entrato nelle grazie del procuratore Pignatone.

A cavallo tra il 2018 e il 2019 Stefano Pesci mi chiederà l'appoggio per diventare procuratore aggiunto a Roma. Gli obietto che marito e moglie nello stesso ufficio non mi pare una grande idea. Lui mi risponde dicendo che è in grado di portarmi un foglio nel quale la moglie promette di andare in pensione se lui verrà nominato. Mi sembra di assistere a delle scene surreali, e comunico quanto sta avvenendo ai miei colleghi di corrente, che rimangono sbalorditi.

Stefano Pesci è il magistrato che nel 2010 finì sotto inchiesta per aver acquisito, senza averne titolo, informazioni dal registro della procura per fornirle al pm fiorentino Luca Turco, che stava svolgendo indagini parallele a quelle della procura di Roma. In relazione a questa vicenda l'allora procuratore aggiunto di Roma Achille Toro fu costretto alle dimissioni; Stefano Pesci invece venne assolto.

Su Mafia capitale qualche attento osservatore, in prima fila Giuliano Ferrara sul «Foglio», sostenne fin dall'inizio la tesi dell'assenza dell'aggravante mafiosa, andando contro corrente rispetto alla maggior parte dei giornali, che su quell'inchiesta suonarono la grancassa. Ma torniamo a lei, al suo Risiko delle nomine.

Sì, ho fatto un'altra fuga in avanti. Dicevamo che la mia nuova missione era di portare a Roma Michele Prestipino. Studio la pratica, il varco c'è: bisogna lavorare al gioco di incastri per eleggere il nuovo procuratore di Reggio Calabria, quello che deve prendere il posto lasciato libero da Pignatone. In campo ci sono Federico Cafiero De Raho, procuratore aggiunto a Napoli, e due dei vice di Pignatone a Reggio Calabria, Nicola Gratteri e lo stesso Prestipino. Sondo le intenzioni sia di Gratteri sia di Cafiero De Raho, quest'ultimo fortemente sponsorizzato dalla mia corrente Unicost di Napoli, che pensa di poter colonizzare la Calabria. Durante una colazione a casa della giornalista Anna La Rosa, spiego a Gratteri le difficoltà che sta incontrando la sua candidatura; gli confermo che ha sì l'appoggio di Magistratura indipendente, ma è avversato da Magistratura democratica e soprattutto non è in cima ai pensieri di Pignatone, il quale sta manifestando in più sedi, anche al Csm, una forte volontà di scegliersi sia il vice a Roma sia il successore a Reggio. Gratteri, che conosco dai tempi del mio esordio in magistratura, reagisce male e non accetta quella che ravvisa come una mancanza di fiducia nei suoi confronti. Il derby è quindi tra Prestipino e Cafiero De Raho.

Avvincente. Come se ne esce?

Non è facilissimo: in prima battuta Pignatone preferirebbe Prestipino a Reggio Calabria. Ma la corrente napoletana di Unicost, come dicevo, spinge molto per Cafiero De Raho. D'accordo con Pignatone, tentiamo la spallata finale: in un tardo pomeriggio del febbraio 2013 Cafiero De Raho viene a Roma per discutere di questioni d'ufficio con il procuratore. Con Pignatone rimaniamo intesi in questo modo: poco prima della fine del loro incontro mi manderà un messaggino e io capirò che devo scendere ed entrare nella sua stanza, facendo finta di essere lì per caso. Finito il loro colloquio accompagnerò Cafiero all'uscita, per cercare di convincerlo a rinunciare a Reggio Calabria.

Il mio tentativo andrà a vuoto e a quel punto, sempre d'accordo con Pignatone, l'operazione successiva sarà quella di portare Prestipino a Roma. Che infatti, nel 2013, arriva nella capitale a fare da spalla di Pignatone.

Pignatone ha il potere, lei una parte consistente dei voti necessari per muovere le pedine sullo scacchiere. Un incastro perfetto, ma anche abbastanza anomalo. Non trova?

Funziona così, non dico che sia giusto o sbagliato, è così. In quel momento, devo ammetterlo, siamo forti e non ci spaventa affrontare i problemi. Che arrivano, ovviamente.

Il primo che ci si presenta è disinnescare l'ambizione di un collega, Luigi De Ficchy, in quel momento procuratore di Tivoli. Aveva fatto anche lui domanda per diventare aggiunto a Roma, ma, avendo visto passargli avanti a tutta velocità Michele Prestipino, sporge ricorso al Tar, sostenendo di avere più titoli per occupare quel posto. Carte alla mano non aveva tutti i torti, ma il meccanismo delle nomine, come stiamo vedendo da vicino, nonostante i proclami di imparzialità e trasparenza prescinde dai curricula e segue altre logiche, molto discrezionali e legate a opportunità politiche, di potere e di appartenenza alle correnti. Quel ricorso nel marzo 2015 De Ficchy lo perde, ma potrebbe sempre fare appello al Consiglio di Stato. Se così fosse, la parola definitiva sulla sua vicenda, e quindi sulla nomina di Prestipino, spetterebbe al presidente della quarta sezione della Cassazione, che in quel momento è Sergio Santoro, un magistrato che verrà poi indagato e prosciolto da una accusa di corruzione in atti giudiziari. Vengo invitato a un pranzo a casa del presidente Santoro nella sua abitazione ai Parioli. Lì trovo anche Pignatone e Centofanti. Ricordo che a un certo punto la moglie arriva trafelata e ancora sulla porta dice al marito: «Ma che succede, le scorte non volevano farmi salire in casa mia, qui sotto è tutto blindato». In effetti a Roma, con Pignatone, s'inaugura la stagione delle grandi scorte in stile palermitano, che noi non avevamo mai visto e a cui non eravamo abituati.

Scorte a parte, precisi cosa ci sta dicendo: ci fu un tentativo preventivo di indirizzare la giustizia in un senso?

Me ne guardo bene. Voglio solo dire una cosa: a quel tavolo c'era il procuratore più importante e influente d'Italia, Pignatone. C'ero io, il signore delle tessere della magistratura. C'era Fabrizio Centofanti, e sappiamo quali saranno in seguito le accuse a suo carico. C'era un convitato di pietra, il procuratore della Repubblica De Ficchy, nemico di Pignatone, che reclamava giustizia. E c'era un magistrato, Santoro, che avrebbe potuto essere a breve arbitro in una sentenza – il ricorso contro Prestipino – che interessava sia Pignatone sia De Ficchy.

Benissimo, ora la invito a questo gioco: proiettiamo i commensali di quella cena nel futuro prossimo. Pignatone arresterà Centofanti determinando l'inizio dei miei guai; sempre Pignatone, quel giorno a me alleato, insieme a De Ficchy, quel giorno a lui nemico, decideranno la mia morte. Io non le sto parlando di reati, anche perché De Ficchy non fece ricorso al Consiglio di Stato. Le sto dicendo che il «Sistema» è una bestia complessa e imprevedibile, altro che cene dell'Hotel Champagne.

E siamo ancora al primo problema. Quali saranno gli altri?

Per trovare un equilibrio alla vicenda, nel gennaio del 2015 mi attivo fortemente per la nomina di Luigi De Ficchy a procuratore di Perugia. Ma non è tutto lineare. Pignatone infatti non la prende per niente bene, perché teme fortemente che la competenza di Perugia sui magistrati romani possa creare dei problemi alla luce del contenzioso tra De Ficchy e Prestipino. Anche in questo caso mi attivo per trovare un punto di equilibrio. Nei mesi successivi organizzo un incontro a tre: io, Pignatone e De Ficchy. Ci vediamo al bar Vanni, a Roma, zona Prati, una conversazione riservata che si svolge in una sala privata al piano superiore. Un carattere di riservatezza che dura molto poco, perché gli spostamenti di Pignatone, iperscortato, non possono passare inosservati.

La pace siglata tra i due durerà anch'essa molto poco: di lì a breve la procura di Perugia aprirà un'indagine nei confronti di uno dei più stretti collaboratori del procuratore Pignatone. Si tratta di Renato Cortese, autore della cattura di Provenzano e capo della squadra Mobile di Roma, che insieme a Maurizio Improta, responsabile dell'ufficio immigrazione della stessa procura, nell'ottobre 2020 verrà condannato per la vicenda Shalabayeva, la frettolosa espulsione dall'Italia della moglie di un dissidente kazako. Indagine condotta da Antonella Duchini, in quel momento la più stretta collaboratrice di De Ficchy. Uno scontro frontale, ma in cui i colpi di scena non mancheranno: dopo poco tempo De Ficchy mi chiederà la testa della Duchini, e si riappacificherà con Pignatone.

Provo a tirare le fila: lei quindi sostiene che nella magistratura le decisioni vengano prese fuori dalla sede istituzionale che è il Csm. Sa quante persone, per fatti del genere o per più banali «traffici di influenze» in politica e in aziende pubbliche e private sono finite sotto inchiesta, e molte di loro in galera?

Certo che lo so, ed è una vergogna. Noi però siamo al di là di questo, nessuno ci controlla: cane non morde cane. E poi formalmente tutto è regolare. Al Csm, e io ci sono stato, si fanno le audizioni per decidere chi promuovere e chi no, ma se ancora non fosse chiaro quelle audizioni altro non sono che un proforma. Me lo faccia dire chiaramente: chi le invoca come la panacea di tutti i mali vive su Marte, perché i candidati trovano gente non solo distratta, ma spesso del tutto impreparata. Spiegare come si vuole organizzare una procura a persone che in una procura non hanno mai passato un giorno di lavoro è come… è come se un direttore di giornale spiegasse a me come intende organizzare la redazione e qual è la linea editoriale. Ma questo è il meno: chi viene audito spesso appartiene a una corrente, che in base agli accordi presi l'ha preparato su cosa dire e non dire per non rischiare di fare saltare l'intesa già raggiunta sul suo nome o per tentare, a seconda dei casi, di tenerlo in gioco. Sbrigata la formalità delle audizioni, ecco che entrano in campo le correnti, con i segretari che iniziano a interloquire con i membri del Csm. La partita vera è tutta lì. Ed è una partita, come in parte abbiamo già visto, senza esclusione di colpi, e colpi bassi. I casi delle procure di Palermo, Napoli e Milano, cioè delle più importanti procure insieme a Roma, sono in questo senso esemplari. E io questo sono in grado di ricostruirlo in maniera documentale.

Il mercato
Per Palermo si tratta (e si cena) sulla trattativa

Di questi tempi si parla tanto di scacchi, un gioco in cui ci vuole strategia, visione di lungo periodo, abilità nel leggere le mosse dell'avversario. Tutte doti che lei sembra aver messo in campo nelle vicende che racconta, almeno fino a un certo punto. Nella sua scacchiera, mi sembra di capire, le caselle che contano di più sono quelle corrispondenti alle grandi procure, su cui si giocano le partite più agguerrite, e alle poltrone apicali al Csm o alla Corte di Cassazione. Nomine che valgono una carriera, a giudicare da come è andata a finire per lei.

Non posso che confermare, e parto dalla fine per spiegarmi meglio. Il 27 novembre 2020, già espulso dalla magistratura, vengo convocato alla procura generale della Cassazione dove l'ex collega Simone Perelli mi contesta di essere stato l'artefice di un emendamento approvato dal Parlamento alla fine del 2017, governo Gentiloni, che consente agli ex consiglieri del Csm di poter concorrere immediatamente per incarichi direttivi senza passare attraverso le graduatorie. Un privilegio da casta, certo. Io ho la netta impressione che l'obiettivo della convocazione fosse ottenere notizie sul coinvolgimento in questa vicenda di Maria Elisabetta Alberti Casellati, attuale presidente del Senato, del suo collaboratore Claudio Galoppi, entrambi all'epoca di quell'emendamento membri del Csm, e di Maria Rosaria San Giorgio, da poco eletta alla Corte Costituzionale. Io rispondo alle domande di Perelli, che stranamente è stato lasciato solo dall'avvocato generale Pietro Gaeta a condurre l'interrogatorio, e a un certo punto estraggo un documento intestato: «Terza commissione Csm, ordine del giorno del 3 maggio 2017: copertura di nove posti di sostituto procuratore generale presso la Corte di Cassazione». Perelli non capisce dove voglio arrivare. Gli spiego che la discussione sull'emendamento iniziò quando decidemmo di nominare alla procura generale Fulvio Troncone, all'epoca magistrato segretario al Csm. La domanda che ci ponemmo fu questa: se non esiste nessun limite per i magistrati segretari, per quale motivo deve esserci un limite temporale per i consiglieri del Csm? Troncone era uno dei nove che furono nominati, con accordo correntizio, alla Corte di Cassazione. Senza fare alcuna trafila, esattamente nelle modalità su cui oggi Perelli stava indagando. E gli faccio notare che uno dei nomi sul documento che gli ho mostrato, per la precisione il numero tre, è il suo. «Io non ho mai chiamato per chiederti una raccomandazione!» mi risponde imbarazzato. Gli faccio notare che, pur essendo in quel momento nelle vesti di accusato e non di accusatore, alla sua nomina io c'ero e avevo trattato la spartizione delle nove posizioni non con il Csm, ma con le correnti. Compresa la sua.

Il mercato

Perché nessuno vuole ammettere che sia andata così?

Perché è passata l'idea, mi lasci dire abbastanza infantile, che la radiazione di Palamara sia una sorta di azzeramento di ciò che è stato; per capirci, quello che per i cattolici è l'indulgenza plenaria. Io non sono contrario alla remissione dei peccati, a patto che sia un percorso serio, che passi attraverso il pentimento, non l'arroganza. Negli ultimi dieci anni non c'è un solo magistrato di Cassazione, non un solo procuratore o procuratore aggiunto che non sia arrivato in quel posto grazie al «metodo Palamara». Ognuno la chiami come vuole, ma sempre di lottizzazione tra correnti parliamo. Le racconto, per esempio, come sono stati nominati gli ultimi procuratori di Palermo e Napoli.

Partiamo da Palermo.

Partiamo da lì. È il 2012, io non ricopro cariche istituzionali, ma rimango il punto di riferimento per le correnti. Inizia la partita per la procura generale della Corte d'Appello di Palermo, dove è in corso il processo per la trattativa Stato-mafia. Il procuratore capo della Repubblica Francesco Messineo comincia a scricchiolare per alcune vicende che riguardano il fratello, è molto indebolito e si aspetta solo un passo falso per sostituirlo. Per la procura generale, oltre a Roberto Scarpinato, magistrato molto quotato, c'è in corsa anche Guido Lo Forte, uno dei procuratori storici del capoluogo siciliano, vicino a Gian Carlo Caselli. Io e Pignatone, un sabato di metà dicembre, andiamo a casa di Riccardo Fuzio, un'abitazione al pianoterra nel quartiere Fleming, a

Roma. Fuzio all'epoca era membro del Csm, poi diventerà procuratore generale della Cassazione. Con lui decidiamo la strategia: io avrei dovuto convincere Lo Forte a ritirare la candidatura, in modo da spianare la strada a Scarpinato, in cambio di un'assicurazione, garantita anche dalla corrente di sinistra, Magistratura democratica: avrebbe preso il posto di Messineo a capo della procura della Repubblica appena quel posto si fosse liberato.

Uno scambio, mi sembra di capire.
Come sempre. Le correnti di sinistra volevano Scarpinato ma la sua nomina non era affatto scontata. Quindi era necessario che la corrente moderata di Unicost, la mia, convergesse nella votazione su di lui, e che la corrente di sinistra ricambiasse il favore su Lo Forte nella successiva votazione. Da casa di Fuzio io chiamo Lo Forte e gli assicuro la tenuta di questo patto, legittimato dalla presenza di Pignatone, che tra l'altro era suo amico. E, dopo averci parlato, gli passo nell'ordine prima Pignatone e poi il padrone di casa.

Mi scusi, però qui c'è un problema anche geografico: cosa c'entra il procuratore di Roma con una nomina a Palermo?
Niente, in punta di logica e pure di diritto. Ma il potere non ha confini, e Pignatone in quel momento era un pezzo forte del «Sistema», anche perché nel frattempo aveva allacciato un ottimo rapporto con il presidente Napolitano. Sta di fatto che Lo Forte revocherà quella domanda e Scar-

pinato andrà alla procura generale di Palermo. L'anno successivo, il 2013, ultimo del Csm a guida Vietti, il procuratore della Repubblica Messineo va in pensione. In prossimità del plenum che doveva, come da accordi, varare l'operazione Lo Forte, arriva al Csm una lettera del capo dello Stato che invita a rispettare nelle nomine l'ordine cronologico, che non vede Palermo al primo posto. La nomina di Lo Forte quindi slitta, e siccome il Csm è in scadenza tutto viene rinviato alla tornata successiva.

Perché Napolitano avrebbe dovuto fermare la nomina di Lo Forte a Palermo, come lei sembra adombrare?

Adesso lo vedremo. I fatti si sono svolti così, e se mi segue tutto ha una sua logica: Lo Forte nell'ambiente è considerato un magistrato sostenitore dell'inchiesta sulla trattativa Stato-mafia, che come noto lambisce, per usare un eufemismo, il Quirinale. Arriva il 2014, e io entro nel nuovo Csm. Nessuno, salvo Pignatone e Fuzio, è a conoscenza del mio impegno formale con Lo Forte per la procura di Palermo. Lui è sicuro che starò ai patti, ma la nomina diventa subito motivo di scontro perché, oltre a Lo Forte, scendono in campo Francesco Lo Voi e Sergio Lari.

Da dove sbucano?

Lari è il procuratore di Caltanissetta, molto attivo anche lui sul fronte delle indagini che riguardano la trattativa Stato-mafia. Francesco Lo Voi è stato magistrato a Palermo e in quel momento è capo di Eurojust a Bruxelles, l'agenzia europea per la cooperazione giudiziaria tra Stati membri. È innegabile che su quella nomina il tema stia nel capire come si porrà il nuovo procuratore nei confronti dell'inchiesta Stato-mafia, sulla quale a Palermo, pensionato Messineo e bruciato Ingroia, sono molto attivi due sostituti, Vittorio Teresi e Nino Di Matteo. Il sasso nello stagno lo getta proprio Teresi, che esce allo scoperto: «Non vorrei» dichiara all'Ansa «che la scelta del nuovo procuratore dipendesse dalla sua posizione sulla trattativa». In altre parole dice: attenzione che qui non siamo disposti a insabbiare.

Una dichiarazione che ha tutta l'aria di una sfida.
È il segnale che la situazione sta sfuggendo di mano, anche alle correnti di sinistra. Ne parlo con il loro referente in Sicilia, Piergiorgio Morosini, che tra l'altro è gip proprio del processo Stato-mafia. «Devi tenere a bada i tuoi» gli dico «gli accordi su Lo Forte vanno mantenuti, non si può ricominciare da capo ogni due per tre.» Pignatone sente puzza di bruciato e nonostante sia molto amico di Lo Forte cambia cavallo. Mi convoca e mi dice: «Si va su Lo Voi».

In questo colpo di scena c'è stato lo zampino del Quirinale?
Su decisioni di questa portata il Quirinale è sempre in partita. Per capire quanto fosse alta la tensione in quei giorni, non dimentichiamo un editoriale apparso l'8 luglio del 2012 sulla «Repubblica», a firma di Eugenio Scalfari, nel quale l'autore affermava che, nel corso delle indagini sulla trattativa Stato-mafia, si erano verificati «gravissimi illeciti»

di cui erano responsabili ufficiali di polizia giudiziaria e pubblici ministeri. Secondo Scalfari, nel momento in cui il senatore Mancino parlava con il Quirinale, «gli intercettatori avrebbero dovuto interrompere immediatamente il contatto» e «forse l'agente di polizia giudiziaria incaricato dell'operazione non sapeva o aveva dimenticato che da quel momento in poi stava commettendo un gravissimo illecito». E ancora: «Ma l'illecito divenne ancora più grave quando il nastro fu consegnato ai sostituti procuratori, i quali lo lessero, poi dichiararono pubblicamente che la conversazione risultava irrilevante ai fini processuali, ma anziché distruggerlo lo conservarono nella cassaforte del loro ufficio dove tuttora si trova».

È questo il clima che riaffiora al Csm nel dicembre del 2014, in occasione della nomina del nuovo procuratore di Palermo.

Me lo fa capire anche il vicepresidente del Csm Legnini, che suo malgrado si allinea sul candidato Lo Voi, il meno rigido dei tre sull'inchiesta Stato-mafia. Rimango sorpreso, ma sono uomo di mondo e studio la pratica. Anche io sono convinto che i familiari delle vittime abbiano il diritto di conoscere la verità su quanto è realmente accaduto, e che nessuno sforzo a tal fine debba essere lesinato dallo Stato. Ma sono altresì convinto che in quelle indagini palermitane ci siano state e ci sono forzature ideologiche ed eccessi di personalismo che vanno al più presto riequilibrati. Individuo il punto debole dell'operazione: Lo Voi non è abbastanza titolato, non come gli altri due, e in più in quel momento è un fuori ruolo a Bruxelles, cioè «uno che dorme in hotel cinque stelle mentre i suoi colleghi sono qui in trincea a spalare fango», per usare le parole spese da Antonello Ardituro, un magistrato di Area, in occasione della sua nomina. Per sostenerlo costruiamo una rete che coinvolge Legnini e la consigliera laica in quota Verdi Paola Balducci. Nella sua casa – che si dice sia stata il nido d'amore di Togliatti e Nilde Iotti – avvengono le cene riservate nelle quali magistrati, politici e grandi avvocati si intrattengono fuori da occhi indiscreti. Legnini, devo dire, è stato molto abile a capire la situazione e si è portato dietro i due del comitato di presidenza, i magistrati Santacroce e Ciani. A quel punto io e la mia corrente Unicost siamo decisivi: se mollo Lo Forte e mi sposto su Lo Voi il gioco è fatto.

La trattativa è drammatica, la ricordo come uno dei momenti più difficili della mia carriera. È dura perché io sto facendo il doppio gioco. Per tenere calme le acque faccio credere a Lo Forte che – come da promessa – non lo mollerò, ma mi invento un trucco concordato con le altre correnti: fare andare a vuoto la prima votazione, mentre io tengo su Lo Forte, in modo che alla seconda, per complicati meccanismi interni, Lo Voi sia sicuro di passare.

Lo Voi diventa in effetti procuratore di Palermo. Machiavellico...
Se il «Sistema» aveva deciso una cosa, quella doveva essere. Durante il plenum le parole più vere furono pronunciate da un magistrato autentico e genuino, il consigliere Nicola Clivio, finito al Csm quasi per caso: «Signori, sono

venuto a Roma per vedere come funziona il potere. Non avrei mai detto che Lo Voi, che ha molti meno titoli degli altri, potesse vincere la sfida per Palermo. Oggi l'ho capito come funziona il potere e sono rimasto sconvolto». Quelle parole sono rimaste scolpite nella mia mente come pietre. Ma la questione Palermo non si chiude quel giorno.

Immagino che il dottor Lo Forte non la prese bene.
Per niente, tanto che fa ricorso al Tar e vince. I giochi si riaprono, e questo è un grosso problema. A Lo Voi non resta che fare appello al Consiglio di Stato e sperare in un ribaltamento della sentenza del Tar. Pignatone mi rivela di avvertire degli strani movimenti intorno a questa vicenda e di temere che anche il Consiglio di Stato possa dare ragione a Lo Forte. La pratica finisce alla quarta sezione, nel frattempo presieduta da Riccardo Virgilio, che nei racconti di Pignatone è a lui legato da rapporti di antica amicizia. I due si incontrano una mattina presso la mia abitazione. Dopo aver lasciato sul tavolo i cornetti che mia moglie ha comprato per gli ospiti, mi allontano per preparare il caffè. Li vedo parlare in maniera molto fitta e riservata. Quando torno a tavola la discussione riprende su tematiche di carattere generale. Di questo incontro parlo direttamente con Francesco Lo Voi nel mese di gennaio del 2016, in occasione di una sua venuta a Roma. Ci incontriamo nel Caffè Giuliani in via Solferino nei pressi del Csm. Poche settimane dopo arriva la sentenza di Virgilio, favorevole a Lo Voi. Che potrà così insediarsi alla procura di Palermo.

E qui torniamo al punto di partenza: nel luglio del 2019, Virgilio sarà indagato per vecchi fatti di corruzione giudiziaria nell'inchiesta che porta in carcere, tra gli altri, il faccendiere Piero Amara, Giuseppe Calafiore e l'imprenditore Fabrizio Centofanti, che di lei è stato grande amico.

Non ero certo l'unico magistrato a frequentare Virgilio, e neppure Centofanti. Tra me, Centofanti e Pignatone, per esempio, c'era un vero rapporto amicale trasparente e alla luce del sole, che coinvolgeva anche le nostre famiglie e in particolare le signore. Luigi De Ficchy, che da procuratore di Perugia aprirà l'inchiesta su di me, aveva addirittura invitato Centofanti alla festa di laurea del figlio alla Casina Valadier, uno dei ristoranti più noti di Roma. Oggi tutti sembrano aver rimosso, ma le cose sono andate così.

Torniamo alle nomine. Dopo Palermo arriva quella di Napoli.

Siamo nel 2017, per la procura partenopea sono in corsa Giovanni Melillo, capo di gabinetto del ministro della Giustizia in carica, Andrea Orlando – i due si erano conosciuti a Napoli, quando il primo era procuratore aggiunto e il secondo commissario del Pd campano –, e Federico Cafiero De Raho, procuratore di Reggio Calabria. Su Melillo ci sono forti dubbi, in quel momento è un magistrato distaccato e ovviamente targato politicamente Pd. I miei colleghi Unicost di Napoli non lo vogliono e fanno quadrato attorno a Cafiero De Raho. Io mi trovo tra due fuochi, da una parte la mia corrente, dall'altra gli ottimi rapporti personali sia con Orlando sia con Melillo, che da consigliere Csm spesso consultavo per capire gli umori del ministero. È un momento delicato: da Napoli, per mano del pm Woodcock, era infatti partita un anno prima l'inchiesta Consip che puntava – neppure troppo velatamente – a colpire il premier Matteo Renzi e il suo Giglio magico, Luca Lotti in testa. Il clima è avvelenato anche da un'altra questione, quella della proroga, non concessa da quel governo, allo spostamento in avanti di un anno dell'età pensionabile dei procuratori, norma che colpisce tra gli altri il procuratore di Napoli Giovanni Colangelo. Il quale in un'intervista parla di un suo «legittimo dubbio» che Renzi voglia punirlo e mandarlo in pensione anzitempo per non aver fermato Woodcock su Consip. In realtà la mancata proroga è fortemente voluta dagli stessi magistrati interessati a quei posti, tra cui lo stesso Melillo, che nella sua qualità di capo di gabinetto del ministro della Giustizia ha ovviamente seguito la questione. La mancata proroga quindi spalanca a Melillo le porte della procura di Napoli, e peggiora la mia posizione, come dicevo, tra due fuochi. Della nomina di Melillo a Napoli parlo anche direttamente con il ministro Orlando, e conveniamo che la prima mossa da compiere è fare rientrare subito Melillo in magistratura, in modo da disinnescare le perplessità della sua corrente, quella di sinistra, sui fuori ruolo promossi d'ufficio. Per me resta il problema della parte napoletana di Unicost, che per motivi correntizi tiene duro su Cafiero De Raho. Ma come sempre accade in questi casi...

Non mi dica che entra in azione il cecchino.

Proprio così. Questa volta si tratta di documentazione molto dettagliata sulla vita privata di Cafiero De Raho, fatta avere direttamente al Csm da qualche manina. Carte che pregiudicano, o comunque minano in modo grave, la possibilità di una sua nomina a Napoli. Su questi sviluppi sono in stretto contatto con Marco Minniti, in quel momento potente ministro degli Interni targato Pd, molto attento alle questioni che riguardano la Calabria, il suo feudo, e quindi al destino di Cafiero De Raho, che come detto è in quel momento procuratore a Reggio. A lui a quel punto interessa, come risulta anche dalle numerose chat tra di noi, un accordo che porti Melillo a Napoli e salvi Cafiero De Raho – «il soldato Cafiero», come me lo definisce in una chat – spostandolo alla Direzione nazionale antimafia. Cosa che si realizza grazie a un accordo tra le correnti, nonché a una pressante azione dello stesso Cafiero.

Lei ritiene quindi che l'intervento di un politico di peso come Minniti, per di più in quel momento ministro degli Interni, sia stato decisivo per la nomina di Cafiero alla Dna?

Nessuno, leggendo le mie chat, ha fino a oggi sollevato il problema, e questo ben spiega che lo sdegno non dipende dal metodo in sé ma dai nomi coinvolti: Minniti non è Lotti, tanto per intenderci. Sta di fatto che Cafiero De Raho, nell'ottobre del 2017, come da accordi con Minniti, viene nominato alla Direzione nazionale antimafia, non prima di aver superato un pericoloso scoglio, la prestigiosa e inattesa candidatura per quello stesso posto del procuratore generale della Corte d'Appello di Palermo, Roberto Scarpinato. Ma anche Scarpinato, fortemente sostenuto dalle correnti di sinistra, all'ultimo incappa in un problema che giaceva dormiente al Csm dal 2016. Guarda caso, qualcuno a quel punto se ne ricorda e mette la documentazione sul tavolo. Parliamo dell'inchiesta che ha portato prima all'arresto e poi alla condanna in primo grado a 14 anni di carcere di Antonello Montante, il presidente di Confindustria Sicilia paladino dell'antimafia, che aveva organizzato una rete spionistica per controllare il sistema politico-economico siciliano e trarne indebiti vantaggi. Nel fascicolo mandato al Csm si fa riferimento a un foglio trovato durante la perquisizione a Montante, con in dettaglio i voti che Scarpinato avrebbe dovuto conseguire nel plenum del Csm che nel 2013 lo nominò procuratore generale di Palermo. Per quella vicenda il pubblico ministero di Catania Rocco Liguori, che indagava sul caso, decise l'archiviazione per un «comportamento discutibile che però non costituisce reato» con le seguente motivazione: «Il Montante dichiarava che il dottor Scarpinato non gli aveva mai parlato di quella sua candidatura e, in merito alla piantina dell'immobile sito nel centro di Palermo di proprietà di parenti del dottor Scarpinato, lo stesso Montante dichiarava di essersi sì interessato all'acquisto, ma di non aver dato seguito all'affare». Gli esposti arrivati al Csm su questa vicenda non decolleranno mai, non solo quello su Scarpinato, ma neppure quelli su altri suoi colleghi invischiati in «presunti favori chiesti al

Montante per parenti e amici», come si legge nelle carte, tra i quali, oltre a magistrati del calibro di Lucia Lotti, Salvatore Cardinale, Sergio Lari, c'è anche Antonio Porracciolo, che, ironia della sorte, sarà nella commissione dei probiviri dell'Anm che decreterà la mia espulsione.

Al Csm, insomma, il traffico è impazzito: ci sono fascicoli che avanzano e altri che si fermano.

Con quei nomi in campo non c'erano le condizioni politiche per poter approfondire e prendere decisioni. Ma in generale le procure del Sud sono un mondo a sé, e lo capiremo meglio parlando dei casi Ingroia e Di Matteo a Palermo e Woodcock a Napoli.

La Repubblica del Sud
La piazza di Ingroia, il rebus Di Matteo

Cominciamo dal caso Ingroia. Cosa succede il 12 marzo 2011?
Quel giorno succede un fatto inedito. Uno dei più famosi magistrati italiani, Antonio Ingroia, pm di Palermo titolare dell'inchiesta sulla presunta trattativa Stato-mafia, sale sul palco di una manifestazione organizzata a Roma dalla sinistra in difesa della Costituzione, minacciata, a dire degli organizzatori, dalle riforme che il governo di centrodestra ha messo in cantiere, soprattutto quelle che riguardano la giustizia. Ingroia parla e spara a palle incatenate contro il presidente del Consiglio Berlusconi, peraltro da lui coinvolto senza successo in una delle sue tante indagini. La cosa fa scalpore, pur nel clima di contrapposizione di quegli anni è oggettivamente una fuga in avanti che ci coglie tutti di sorpresa.

Se non sbaglio anche lei, come presidente dell'Anm, era stato invitato.
È vero, ma mi limitai a mandare un generico messaggio di adesione; primo, perché avevo fiutato l'aria, secondo, perché i magistrati in piazza sono una contraddizione in termini, la giustizia la si esercita nelle aule dei tribunali, non

all'aperto. Anche il leader della corrente di sinistra, Giuseppe Cascini, rimase perplesso per quello che definì un eccesso di protagonismo e di egocentrismo. E neppure al Quirinale la presero bene.

Erano turbati più per Ingroia in piazza o per l'attacco a Berlusconi?

Onestamente più per la prima. Tra il Quirinale e la procura di Palermo in quel momento non correva buon sangue, di lì a poco sarebbe scoppiato il caso delle telefonate intercettate da Ingroia tra Napolitano e Mancino, ex vicepresidente del Csm coinvolto nell'inchiesta sulla trattativa. Ne parlai con Loris D'Ambrosio, che, per motivi forse legati anche a questa vicenda, l'anno successivo – come già detto – morirà d'infarto, e lo trovai molto critico. Per questo la sera dopo, ospite di Giovanni Minoli alla trasmissione *La storia siamo noi,* e il giorno ancora successivo da Giovanni Floris a *Ballarò*, nonostante le raccomandazioni dei miei colleghi palermitani che mi chiedono di scongiurare contrapposizioni e di evitare di fare una brutta fine, sono particolarmente critico nei confronti dell'iniziativa di Ingroia. Il quale, ovviamente, non la prende bene e trova il modo di farmelo sapere. Decido allora di prendere un aereo e andare a Palermo a incontrarlo. In quel momento Ingroia è ancora il campione del mondo dell'antimafia, ma non ho nessuna difficoltà a spiegargli la mia posizione. Mi accompagnano i miei colleghi palermitani della giunta dell'Anm. Poi rimaniamo soli io e lui. Lo affronto a muso duro, resto colpito perché lo trovo molto preoccupato di rimanere isolato e allo stesso tempo sospettoso nei miei confronti. Gli spiego che a Roma il mondo politico e quello istituzionale sono irritati per i suoi modi spregiudicati, ma lui è irremovibile. Ci lasciamo con una stretta di mano. Oggi lui sostiene che io sia andato in nome e per conto del presidente Napolitano. Per quanto mi riguarda posso dire di aver agito in assoluta autonomia, anche se è vero che, una volta rientrato a Roma, sempre per il tramite di Loris D'Ambrosio, ho provato a mediare, ma senza esito: avevo immediatamente capito che per lui la strada ormai era segnata, come per tutti quelli che sfidano platealmente il «Sistema». Diciamo che se l'è cercata, si è immedesimato nel ruolo del martire a tutti costi. E quando il martirio lo cerchi, addirittura lo costruisci, santo non sei. Voglio però spezzare una lancia in suo favore: i conti non mi tornano. Perché l'allora direttore di «Repubblica» Ezio Mauro, tirato in ballo da Ingroia sulla vicenda in questione, ha pubblicamente dichiarato di non conoscermi quando il suo giornale costantemente mi intervistava per ottenere dichiarazioni contro il governo di centrodestra? Ciò mi lascia molto perplesso e mi fa pensare che su questo Ingroia abbia ragione.

Il 13 ottobre di quell'anno Ingroia partecipa a un convegno dei Comunisti italiani di Oliviero Diliberto in corso a Rimini e pronuncia la famosa frase: «Io sono un pm partigiano».

Non so se lui se ne rende conto, ma ha reso incredibile, e pure ridicola, l'opposizione che la magistratura stava facendo a Berlusconi. Da lì in poi per lui sarà un lento e costante scivolare nel baratro, abbandonato prima dai colleghi, poi da chi lo aveva usato per fini politici e infine dall'opinione pubblica, che non prenderà in considerazione il suo tentativo di entrare in politica nel 2013. Diversa è la storia di chi a Palermo prese il suo posto come icona della lotta alla mafia e ai suoi intrecci con la politica e con lo Stato. Mi riferisco a Nino Di Matteo.

Che rapporto ha avuto lei con Di Matteo?
Nel 2009 il referente della mia corrente per le questioni palermitane mi comunica l'intenzione di appoggiare, alle elezioni per il nuovo consiglio dell'Anm territoriale, un magistrato che si era messo in luce per le sue inchieste e che stava acquisendo una certa notorietà, tale Nino Di Matteo, fino a quel momento considerato il numero due di Antonio Ingroia. Io non lo conosco ma mi fido di quello che mi dice Antonio Balsamo e faccio qualche telefonata per agevolare la sua elezione, che ovviamente avviene: lui diventa il presidente dell'Anm di Palermo.

In quegli anni Di Matteo era tra i magistrati in prima linea nel sostenere che il premier Berlusconi avesse avuto a che fare con la mafia. Pensavate così di arruolarlo alla causa?
Certamente lui era in linea con la strategia del momento, ma attenzione: il «Sistema» richiede equilibrio, gli eccessi, soprattutto se non concordati, non sono graditi. Tanto è vero che meno di due anni dopo, nel 2011, Di Matteo

si dimette in segno di protesta per la mancata difesa da parte dell'Anm nazionale, cioè da parte mia, di Ingroia (anche se in realtà penso che ce l'avesse con il Quirinale, che si opponeva all'uso delle intercettazioni tra Napolitano e Mancino).

Di Matteo ha sostenuto che lei ha ostacolato la sua carriera.
Saltiamo al 2015, io sono appena arrivato al Csm e Di Matteo avanza la sua candidatura alla Direzione nazionale antimafia. La sostiene il nascente gruppo di Autonomia e Indipendenza, che fa capo a Piercamillo Davigo, ma è osteggiata per due motivi dalle correnti tradizionali. Il primo è che sarebbe stato opportuno che Di Matteo, per una questione di immagine e serietà, avesse lasciato Palermo solo dopo aver concluso il processo sulla trattativa. Il secondo è che nessuna delle tre correnti – Unicost, Area e Magistratura indipendente – era disposta a rinunciare al suo candidato, visto che i posti all'antimafia erano giusto tre. Io poi aggiungo un motivo più politico: non ritenevo utile portare fuori da Palermo le tensioni istituzionali provocate dall'operato di Di Matteo sulla trattativa. Lui passerà anni a rinfacciarmelo parlando anche di «metodo mafioso», ma credo che lo fece soprattutto per coprire lo smacco per cui i primi a non votarlo furono convintamente i suoi amici di sinistra, che lo idolatravano in pubblico mal sopportando in privato l'uomo solo al comando con smanie di protagonismo. Chi non lo voterà sarà Piergiorgio Morosini, il giudice dell'udienza preliminare del processo sulla trattativa

Stato-mafia, che si adeguerà all'accordo che le correnti avevano trovato proprio nel 2015 su altri nomi.

Due anni dopo Di Matteo ci riprova.
E questa volta, siamo nel 2017, le correnti si accordano per dargli il via libera. Fu una delle rare volte che al Csm ci facemmo condizionare dalla grancassa mediatica. Nessuno di noi era in cuor suo convinto, ma bocciare per la seconda volta il magistrato paladino dell'antimafia sarebbe stata una decisione troppo impopolare. Sapevamo che saremmo andati incontro ad altri problemi, che infatti puntualmente si presentarono.

Di che problemi parliamo?
La nomina di Di Matteo alla Direzione antimafia è in concomitanza con quella di Cafiero De Raho – di cui abbiamo già detto – alla procura generale antimafia. De Raho riorganizza il lavoro costituendo nuovi pool investigativi, nella speranza di superare le conflittualità e le sovrapposizioni tra il centro e la periferia, dovute perlopiù a invidie e gelosie, generate dal metodo di lavoro in vigore. Di Matteo viene assegnato al «gruppo stragi», ma dura poco. Il 20 maggio 2019, ospite ad *Atlantide*, la trasmissione di Andrea Purgatori su La7, Di Matteo sostiene, parlando della strage di Capaci in cui morirono Giovanni Falcone, la moglie Francesca Morvillo e tre agenti della sua scorta, che «è altamente probabile che insieme a uomini di Cosa Nostra abbiano partecipato alla strage anche uomini

estranei a Cosa Nostra». Cafiero De Raho, che di suo non è un cuor di leone, lo rimuove su due piedi da tutti gli incarichi.

Chi può aver chiesto la testa di Di Matteo?
Al Quirinale da quattro anni non c'è più Napolitano, che di quel complottismo si sentiva vittima, bensì Mattarella. Ma il clima di cautela e scetticismo nei confronti di certe tesi non è cambiato, come perplessa è una larga parte della magistratura, e sul mio telefono ce n'è ampia traccia. «Di Matteo è incredibile» mi messaggia Francesco Cananzi, segretario di Unicost e componente del Csm, la sera di una delle sue esternazioni in tv. Io, quando vengo a sapere della rimozione, scrivo a De Raho: «Grande Federico», intendendo che aveva dimostrato di avere gli attributi. Il clima è tale che anche il Csm apre una pratica per le dichiarazioni di Di Matteo.

Procedimento chiuso il 20 ottobre del 2020 con un nulla di fatto, per un ripensamento di De Raho proprio sull'onda del caso Palamara. In una lettera al Csm De Raho scrive che revoca la sospensione di Di Matteo «per evitare aggravi procedurali e decisionali in un momento particolarmente delicato per l'immagine della magistratura».

Come sarebbe interessante sapere come si è determinata, in un senso e nell'altro, la sospensione di Di Matteo, altrettanto lo sarebbe conoscere il nome che gli ha consigliato la revoca. Escludo che si tratti di farina del suo sacco.

Secondo lei chi sono oggi gli amici di Di Matteo?
Nella magistratura lo è stato Davigo e oggi lo è Ardita. In politica lo sono stati sicuramente i Cinque Stelle. Non dimentichiamo che, nel 2015, Di Matteo apre anche un fronte politico partecipando a un convegno organizzato dal gruppo grillino della Camera e che, nel 2017, a pochi mesi dalle elezioni politiche, rispondendo a una domanda di un giornalista, dice di «non escludere» di accettare l'offerta di fare il ministro in un eventuale governo Cinque Stelle, perché «per me i pm possono fare politica»; cosa che Di Maio commentò con un eloquente: «È una bella notizia».

Amici amici, ma nei fatti Di Matteo è rimasto al palo. Si è fatto un'idea del perché?
Guardi, quando nel 2018 nasce il governo tra Cinque Stelle e Lega, nel mondo della magistratura si dà per scontato di vedere Di Matteo ministro della Giustizia, o comunque in un posto importante del ministero, capo di gabinetto o a capo del Dap, il dipartimento dell'amministrazione penitenziaria che sovrintende al sistema carcerario. Parlando in quei giorni con la mia collega Maria Casola, che sta al ministero, ammetto che per la prima volta dopo anni ho la sensazione di trovarmi fuori dai giochi. Del resto è normale, è cambiato il mondo politico e toccherà ad altri dirigere il traffico.

Ma l'attesa rivoluzione non accade.
Con mia sorpresa per i posti chiave vedo spuntare persone non vicine, almeno in teoria, né a Davigo né a Di

Matteo, ma a vario titolo alla mia corrente: da Fulvio Baldi, che diventa capo di gabinetto, all'oggi noto Francesco Basentini a capo del Dap (sarà costretto dopo pochi mesi alle dimissioni, travolto dalle polemiche sulle scarcerazioni facili, tra cui quelle di diversi pericolosi boss, durante la prima ondata dell'emergenza Covid).

Andiamo con ordine. La sera di domenica 2 maggio 2020, nel pieno delle polemiche per le scarcerazioni, collegato telefonicamente con Massimo Giletti a Non è l'Arena *su La7, Di Matteo a sorpresa svela:* «Il ministro della Giustizia Bonafede, appena insediato, mi telefonò – siamo nel giugno 2018 – e mi chiese se mi andava di dirigere il Dap. Mi presi 48 ore di tempo e gli comunicai che avrei accettato, ma lui nel frattempo ci aveva ripensato. I capimafia, evidentemente, erano contrari alla mia nomina». *E scoppia un putiferio.*

La prima parte della storia è ovviamente vera, sulla fondatezza della seconda ho qualche dubbio, nel senso che è ovvio che la mafia non voglia vedere Di Matteo al Dap; per la verità, la mafia vorrebbe vedere Di Matteo morto, al punto che è l'uomo più protetto d'Italia. L'idea che mi sono fatto è un'altra.

Quale?

Le faccio vedere uno scambio di messaggi che, giusto il 2 giugno 2018, proprio nel periodo a cui fa riferimento Di Matteo per la sua telefonata con Bonafede, ho con Maria Casola, la mia sponda al ministero:

Ore 10:05, Maria Casola: «Non abbiamo nessun peso politico».
Ore 11:32, io le rispondo: «Al momento la situazione è questa».
Ore 18:54, Maria Casola: «Ma Pignatone ambisce a incarichi ministeriali?».
Ore 18:55, io: «Penso siano le solite ridde di voci su tutti».
Ore 18:56, Maria Casola: «E com'è che viene spesso?».
Ore 18:56, io: «Con Bonafede o Cesqui?».
Ore 18:57, Maria Casola: «Non lo so da chi va, so che passa nel corridoio. Ma non lo dire a nessuno, ti prego».

Allora la domanda è: che ci faceva Giuseppe Pignatone, procuratore capo di Roma, capo del «partito dei procuratori» che certo non ama Di Matteo e, come abbiamo già visto e ancor meglio vedremo in seguito, perno del famoso «Sistema» che tutto regola e tutto decide, nelle stanze del ministero in quei giorni decisivi per le nomine?

Immagino che lei un'idea ce l'abbia.
Una risposta ufficiale potrebbe essere che la procura di Roma aveva aperto un'inchiesta sul costruttore Luca Parnasi, poi arrestato, per sospette tangenti sul progetto di costruzione del nuovo stadio della Roma. L'inchiesta coinvolgeva tra gli altri anche Luca Lanzalone, avvocato amico di Beppe Grillo e del ministro Bonafede, che da poco era stato nominato da Virginia Raggi a capo dell'Acea, l'azienda municipalizzata di Roma. Può essere che

Pignatone volesse ascoltare Bonafede come persona informata dei fatti, per via di alcune e-mail che i due si erano scambiati. Ma perché disturbare ripetutamente, mi chiedo, un ministro insediato da pochi giorni? E perché non era presente agli incontri, come prassi vorrebbe, la pm che si occupava dell'inchiesta, Barbara Zuin?

Le sue sono solo ipotesi, congetture.
Allora le dico un'altra cosa. Il capo del Dap non è solo colui che si occupa del vitto e alloggio dei detenuti. Il suo è un ruolo chiave, direi strategico, nella gestione della marea di informazioni captate, in un modo o nell'altro, dentro le carceri, soprattutto quelle che riguardano i detenuti mafiosi. Se durante un colloquio, un'intercettazione ambientale in cella, una soffiata tra detenuti, emerge l'ipotesi che il politico X o l'imprenditore Y sono collusi, il primo a saperlo è il capo del Dap, che quella notizia – anche quelle che trapelano dalle celle del 41 bis che ospitano i boss, tipo l'allusione che Totò Riina fece su Berlusconi durante l'ora d'aria – la gestisce come meglio crede. Un potere giudiziario e politico enorme – oltre che ben remunerato – concentrato nelle mani di una sola persona, che nel caso di Di Matteo è pure una persona fuori dal «Sistema» e quindi incontrollabile. Di Matteo, questa è la mia tesi, per evitare altri guai, non è stato fermato né da Bonafede né tantomeno dalla mafia, ma dal famoso «Sistema» che non voleva perdere il controllo della situazione.

Quindi secondo lei Bonafede si è semplicemente adeguato, e per questo non è riuscito a dare risposte convincenti alle accuse di Di Matteo.

Bonafede è un politico che per la prima volta si trova a maneggiare un mondo complesso come il nostro, e inevitabilmente è portato a dare fiducia a una cerchia ristretta di persone, e diciamo pure un sognatore che dall'oggi al domani si è trovato al centro di giochi di potere più grandi di lui. In assoluta buona fede – immagino – telefona al grande Di Matteo, mito suo e dei suoi elettori, e gli chiede di entrare in partita. Quando il «Sistema» lo viene a sapere, lo avvicina e tra lusinghe e allusioni lo riporta con i piedi per terra: ministro, non hai capito come funziona il mondo.

E quindi dalla mattina alla sera Bonafede molla Di Matteo e per il Dap va su Basentini.

Che, detto con rispetto, è come, nel calcio, mollare Ronaldo per Mario Rossi.

Ma perché proprio Basentini?

Al ministero c'è un giovane magistrato amico di Bonafede e da lui molto ascoltato, Leonardo Pucci, che tra il 2014 e il 2015, prima di trasferirsi in Toscana dove aggancia il futuro ministro, ha lavorato a Potenza insieme a Basentini, di cui è diventato amico. Basentini – da me sostenuto – diventa procuratore ed è noto per l'inchiesta Tempa Rossa sui giacimenti petroliferi dell'Eni che nel 2016, con il governo Renzi, portò alle dimissioni della ministra Federica Guidi e coinvolse pure Maria Elena Boschi. Ricordo che, dopo l'interrogatorio della Boschi, Basentini volle incontrarmi insieme al procuratore Luigi Gay e all'aggiunto Laura Triassi per relazionarmi su quanto stava accadendo e per mandare messaggi distensivi. L'incontro avvenne presso il bar Vanni e in quell'occasione Basentini mi disse che l'interrogatorio della Boschi non era durato un paio d'ore ma molto meno, e che le lungaggini erano state determinate dal fatto che durante l'audizione il computer si era bloccato, con grande imbarazzo dei presenti. Non capivo allora e non capisco nemmeno oggi il perché vollero vedermi e soprattutto la necessità di sentire la Boschi, se non ce n'era alcun bisogno.

Mi sta dicendo che tre amici al bar, di cui due praticamente sconosciuti, hanno fatto le scarpe al grande Di Matteo?
Non esattamente. Le sto dicendo che qualcuno ha stoppato Bonafede su Di Matteo e che il ministro, messo alle strette e non sapendo per inesperienza a che santo votarsi, si è fidato e affidato a una ristretta cerchia di persone, con i risultati che purtroppo ben conosciamo. Sarà un caso, ma l'anno successivo, nel 2019, Di Matteo si candida con successo per il Csm, lui che teorizzava la necessità che un magistrato, se voleva essere duro e puro, doveva stare alla larga dalle correnti e dai giochi di palazzo. Probabilmente – è una mia idea – dopo la batosta del Dap ha capito anche lui che se sei fuori da quelle stanze, se non entri nel «Si-

stema» e inizi a mediare, puoi essere bravo fin che vuoi ma non vai da nessuna parte. A pensare di essere troppo bravi – peggio ancora, i più bravi di tutti – in magistratura si rischia di inciampare, come è successo a Henry John Woodcock, il famoso procuratore di Napoli, sull'inchiesta Consip e non solo.

Il «Rottamato»
Da Riina al «questa è una bomba» su Renzi

Il 21 aprile 2015 Matteo Renzi è nel suo ufficio a Palazzo Chigi, nel pieno dei suoi poteri e al massimo del suo successo politico. «Basta palude, avanti su tutto» twitta apostrofando le resistenze di parte dei suoi e delle opposizioni alla nuova legge elettorale, l'Italicum. Quello stesso giorno due ufficiali dei Carabinieri, che fanno parte della squadra di polizia giudiziaria del procuratore di Napoli Henry John Woodcock, entrano nell'ufficio del procuratore di Modena Lucia Musti con un enorme faldone di intercettazioni telefoniche e informative, composto da ben undici capitoli che coinvolgono anche personaggi, per la verità minori, del mondo cooperativo modenese. L'inchiesta è denominata Cpl Concordia, riguarda presunte tangenti per la metanizzazione dell'isola di Ischia ed è considerata la madre della successiva inchiesta Consip. Uno dei due carabinieri è il capitano Giampaolo Scafarto, che poi, vedremo come e perché, finirà nei guai. L'altro è il colonnello Sergio De Caprio, più noto come il «Capitano Ultimo», l'uomo che il 15 gennaio del 1993, a Palermo, arrestò Salvatore Riina, il capo dei capi della mafia, e a cui Raoul Bova dette un volto nella fortunata miniserie televisiva andata in onda nel 1998. Secondo quanto riferito dalla Musti il 17 luglio 2017 davanti alla commissione disciplinare del Csm, che stava valutando le accuse a Woodcock per una fuga di notizie sensibili, i due carabinieri le dicono: «Questa è una bomba, si arriverà a Renzi».

Ricordo bene, io facevo parte di quella commissione che stava ascoltando la Musti e giudicando Woodcock. Esattamente le parole messe a verbale dalla Musti sono: «I due mi dicono: "Dottoressa lei ha una bomba in mano, se vuole può fare esplodere la bomba"». In realtà la bomba era già in pieno possesso della procura di Napoli, che era pronta a farla esplodere autonomamente, come poi avvenne, ma non complichiamo la storia. Anzi, per capirla bisogna fare un passo indietro, al 21 febbraio 2014, giorno in cui Matteo Renzi, disarcionato Enrico Letta, sale al Quirinale da Napolitano per sottoporgli la lista dei ministri del suo governo. E compie il primo, grave e decisivo passo falso, almeno per quanto riguarda la magistratura.

Ce lo ricordiamo quel giorno: Renzi varca la porta dello studio del presidente, le telecamere e i giornalisti fuori ad attenderlo ma inspiegabilmente per oltre due ore lui non esce, un tempo anomalo per quel tipo di formalità.

Esatto. Tutti con il fiato sospeso perché Napolitano si rifiutava di firmare la nomina proposta da Renzi di Nicola Gratteri a ministro della Giustizia. Come si arrivò lì lo ha raccontato lo stesso Gratteri il 20 febbraio del 2020, durante la trasmissione televisiva *diMartedì* di Giovanni Floris, presenti lei Sallusti e il direttore dell'«Espresso» Marco Damilano.

Gratteri disse che il giorno prima della formazione del governo lo chiamò Graziano Delrio, maggiorente del Pd renziano, e lo convocò con urgenza a Roma per un incontro con Renzi, che non aveva mai conosciuto. Parlarono per oltre due ore – «mi fece "un interrogatorio"» dirà scherzando – e alla fine Renzi gli propose di fare il ministro. Lui pose solo una condizione: carta bianca per ribaltare il sistema della giustizia, e Renzi accettò.

Ecco, quello è il punto decisivo. La cosa si seppe, perché Roma è sì tanto grande ma certe notizie girano veloci come in un borgo. Poteva un «Sistema» che aveva combattuto e vinto la guerra con Berlusconi e le sue armate farsi mettere i piedi in testa da Matteo Renzi e da un collega, molto bravo ma anche molto autonomo, fuori dalle correnti e per di più intenzionato a fare rivoluzioni?

A occhio direi di no.

E infatti non era possibile. Si muovono i pezzi da novanta del «Sistema», il Quirinale è preso d'assalto dai procuratori più importanti – lo stesso Pignatone mi confiderà di aver avuto in quelle ore contatti – e dai capicorrente. Napolitano prende atto che la cosa non si poteva fare. Renzi, che come si vedrà non aveva capito che razza di potere ha la magistratura, testardo, sale al Colle con quel nome. Dico questo non in base a supposizioni, ma per i numerosi contatti che ho avuto in quelle ore. Gratteri, che è il più sveglio di tutti, non vedendo la porta di Napolitano aprirsi nei tempi dovuti capisce al volo, come vi ha raccontato da Floris, cosa sta succedendo. Successivamente avrò conferma dai diretti interessati che il mondo della magistratura, tra cui il procuratore Pignatone, ha fatto arrivare al presidente Napolitano un segnale di non gradimento nei confronti di Nicola Gratteri. Ma Gratteri non era un problema solo in quanto Gratteri.

E allora qual era il problema?
Che Renzi con quella mossa sfida il sistema delle correnti e dei grandi procuratori, che da sempre vengono consultati preventivamente dal premier incaricato o da chi per lui per dare il gradimento a un nuovo ministro della Giustizia. Dopo aver asfaltato, o almeno pensato di aver asfaltato il Pd, Renzi prova a fare altrettanto con la magistratura: qui ora comando io. E no, non funziona così.

Detto da uno che è indicato come il fondatore della corrente renziana dentro la magistratura...
Mi avesse chiesto consiglio allora... Scherzo, ma non più di tanto. Nel nostro mondo non si può entrare a gamba tesa, ti fai solo del male. E lui, non pago del caso Gratteri, poco dopo essersi insediato a Palazzo Chigi mette sul tavolo la questione delle ferie eccessive e della responsabilità dei giudici. E a quel punto si scava la fossa.

Lei mi sta dicendo che l'azione penale contro un presidente del Consiglio dipende dalla sua politica sui temi della giustizia?
Be', la stagione della contrapposizione a Berlusconi qualche cosa avrebbe dovuto insegnare a Renzi. Perché prima

Il «Rottamato»

di lui Enrico Letta e dopo di lui Paolo Gentiloni sono usciti indenni dalla loro presidenza? Perché erano immacolati? Può essere, ma è una risposta semplicistica. Il motivo principale è che non hanno sfidato i magistrati. Renzi invece commette l'errore di pensare che, essendo lui il segretario del Pd, la magistratura, a maggioranza di sinistra, sarebbe stata al suo fianco a prescindere. Non capendo che sì, la magistratura è quella cosa lì, ma i suoi riferimenti non erano i giovani del Giglio magico, i Lotti e le Boschi come i Gratteri o i Cantone, ma il vecchio apparato comunista e postcomunista che lui stava rottamando. Parliamo di gente che al Partito comunista prima e al Pd poi la linea la dettava, non la subiva. Di colleghi che sono inorriditi di fronte al patto del Nazareno tra Renzi e Berlusconi. Insomma, la sinistra giudiziaria, o più correttamente il massimalismo giustizialista, stava perdendo i suoi riferimenti politici e reagì in soccorso di quel mondo politico e culturale che li aveva generati. A tal proposito le parole di Piergiorgio Morosini mi sembrano eloquenti.

Piergiorgio Morosini, autorevole magistrato di sinistra, membro del Csm, già segretario di Magistratura democratica, nonché gip nell'inchiesta sulla trattativa Stato-mafia.
Proprio lui. In un'intervista «non autorizzata» con la giornalista del «Foglio» Annalisa Chirico, alla vigilia del referendum costituzionale del 2016, che per volontà del premier è anche un referendum su Renzi, Morosini usa parole violente: «Bisogna guardarsi bene da una deriva

autoritaria di mestieranti assetati di potere e per questo al prossimo referendum bisogna votare no».

Una dichiarazione di guerra.
La guerra era già iniziata sul fronte giudiziario, non dimentichiamo quel «dottoressa lei ha una bomba» dell'anno precedente. L'assalto finale è in modo esplicito anche politico, perché il Pd andava restituito ai suoi legittimi proprietari.

In questa contesa lei da che parte sta?
Le tensioni sono forti. Interviene anche il ministro Orlando che chiede spiegazioni al vicepresidente del Csm Legnini, il quale convoca il plenum per «processare» Morosini e chiedergli – questa è l'aria che tira – di fare volontariamente un passo indietro. La sera prima incontro Morosini al Gran Caffè di piazza Sant'Eustachio. Lo vedo provato, si aspetta di essere buttato fuori. Ci rifletto tutta la notte. Io e Morosini ci conosciamo dai tempi del mio ingresso in magistratura. Nel 2009 abbiamo fatto un viaggio insieme negli Stati Uniti nei giorni del giuramento di Obama. L'ambasciata americana mi aveva invitato per un programma di visite istituzionali e avevo coinvolto alcuni colleghi della mia giunta, fra cui Morosini. Quell'esperienza mi permise di conoscerlo meglio e di comprendere che dietro la maschera del duro c'era un uomo con delle insicurezze. Parlammo molto delle inchieste sulla mafia, dei processi politici e di tanto altro. Tutto questo mi tornò alla

mente quella notte e il giorno dopo decisi che non dovevamo forzare la mano su di lui. Anche gli altri miei colleghi furono d'accordo e Morosini si salvò.

Una riflessione evidentemente profonda: seguendo la logica, lei – già in quel momento vicino a Lotti e Renzi – aveva la possibilità di segnare un gol a porta vuota...

Non sempre la logica porta a fare cose di buon senso. Le cose sono più complicate di quanto appaiono, il «Sistema» si regge su delicati equilibri, a ogni colpo segue un contraccolpo. Troppo pericoloso seguire la pancia.

Torniamo alle vicende giudiziarie. Prima del caso Consip, vediamo la questione delle inchieste sui genitori di Renzi.

Alla procura di Genova giaceva una denuncia che riguardava due fatture sospette di una loro società dichiarata fallita nel 2014, se non sbaglio una da 20.000 e una da 140.000 euro. Il fascicolo era fermo perché dimenticato insieme a centinaia di altri fallimenti? Perché erano i genitori del sindaco di Firenze, che non dava fastidio a nessuno e, anzi, casomai era meglio tenerselo buono? Sta di fatto che, non necessariamente per colpa di qualcuno, quello giaceva dimenticato in mezzo ad altre centinaia di fascicoli tributari e fallimentari come normalmente avviene negli uffici giudiziari. Quando Renzi diventa premier e tenta di imporre Gratteri, prova a mettere becco sulle nostre ferie, oltre a pensare alla responsabilità civile dei giudici o ancora a flirtare con Berlusconi e fare fuori Bersani, ecco che qualcuno si ricorda dell'esistenza di quel fascicolo e di altri pasticci gestionali che i genitori di Renzi avevano combinato nei primi anni Duemila. Manna dal cielo, come Ruby per Berlusconi. E così un banale fallimento, come ce ne sono migliaia sepolti chissà dove, diventa il caso di Stato.

Parliamo pur sempre di un reato.
Certamente, ci mancherebbe. L'inchiesta è assolutamente legittima, ma l'accelerazione degli accertamenti e il dispiego di forze per farli in concomitanza con l'arrivo del figlio a Palazzo Chigi davvero mirano unicamente a dare giustizia ai creditori? Diciamo bene come funzionano le cose.

Ecco, diciamolo.
Sì, ma giriamola su di me, così evitiamo guai: parliamo non dei coniugi Renzi, ma in generale di un meccanismo che ben conosco e ho visto più volte applicare. Io, Luca Palamara, vado in ufficio e negli armadi ho centinaia di fascicoli che noi chiamiamo «comuni», nel senso che hanno scarso peso specifico, quali per esempio possono essere quelli su fatture sospette. Mi rendo conto che uno di questi riguarda il parente di una persona famosa e potente, vado a prenderlo e inizio a leggere le carte che prima non avevo mai letto, perché, per parlare con onestà, non sempre un magistrato legge tutto. Inizio ad approfondire e delego l'indagine al mio ufficiale di polizia giudiziaria, cioè a un carabiniere o a un finanziere, e decido se avvisare o meno il mio procuratore capo. Ma c'è capo e capo. Ci sono quelli che dicono

«dammi qua che ci penso io» e quelli che lasciano fare per non avere rogne. E lo stesso vale per l'ufficiale di polizia giudiziaria, che potrà bussare o no alla porta del suo superiore: «Guardi che ho per le mani». Il quale – come tutti gli attori di questa catena – potrebbe bussare o non bussare alla porta del parente importante, oppure a quella del giornalista amico. Come finisce? Che uno di questi signori, per un verso o per l'altro, diventerà qualcuno.

Chiaro, ma torniamo all'inizio, all'inchiesta con cui, non sui genitori ma sugli appalti, si mira a Matteo Renzi.
Quella sulla Cpl Concordia, la società che deve metanizzare la Campania, è una maxi inchiesta che nel 2015 il pm napoletano Woodcock annuncia con squilli di tromba che lasciano intendere grandi cose: già dai primi giorni si sussurra che si arriverà a D'Alema ma pure a Renzi, «la bomba» di cui parla la pm modenese Musti. Di migliaia di carte disseminate per competenze nelle procure di mezza Italia alla fine rimarrà ben poca cosa, ma questo è un altro discorso. Una di quelle carte in effetti farà il botto, non giudiziario ma – tanto per cambiare – politico e mediatico. È l'intercettazione di una telefonata tra Matteo Renzi e il generale Michele Adinolfi, in quel momento vicino a diventare comandante generale della Guardia di Finanza. Si dice che Renzi, segretario del Pd, risponda al cellulare mentre si trova a Palazzo Chigi in attesa di essere ricevuto dal premier Enrico Letta, al quale sta per comunicare la decisione di licenziarlo e prendere il suo posto, cosa che avverrà pochi

giorni dopo. Nella telefonata non c'è nulla di penalmente rilevante: i due parlano con grande confidenza – Adinolfi chiude dicendo: «Ciao stronzo» – e Renzi si lascia andare a giudizi su Letta, «non è cattivo, è un incapace», e su Berlusconi, «con lui si può parlare». Woodcock quella trascrizione la custodisce gelosamente e un anno dopo, nel luglio del 2015, la conversazione appare integrale sul «Fatto Quotidiano». Adinolfi salta, Renzi è in grande imbarazzo, partono accuse e controaccuse, ma il dato è che su Matteo Renzi si accende un faro della magistratura che non si spegnerà più. Per induzione, da Cpl Concordia Woodcock passa a Consip, l'inchiesta sulla centrale d'acquisti dello Stato, e il cerchio si allarga. Accuse, sospetti e veleni travolgono tutto il mondo renziano, dal sottosegretario Lotti al padre di Renzi, dal comandante generale dei Carabinieri Tullio Del Sette al comandante della Legione Toscana dei Carabinieri Emanuele Saltalamacchia, tanto per fare i nomi più conosciuti. La cosa curiosa è che poco o nulla di tutto ciò c'entra con Napoli, tanto che Woodcock, fatta scoppiare la bomba, deve inviare le carte alla procura di Roma guidata da Pignatone, uno molto sensibile a certi equilibri. Pignatone non ci sta a trovarsi per le mani un'inchiesta preconfezionata che per di più appare coinvolgere premier e generali ed è inquinata da macroscopici errori – famosa la frase mai pronunciata dal padre di Renzi durante una telefonata – e da fughe di notizie che addirittura chiamano in causa i servizi segreti. Tanto per farle capire: una mattina il «Corriere della Sera» pubblica la notizia che il Noe ha segnalato in prossimità degli uffici dell'imprenditore campano Alfredo Romeo una macchina sospetta appartenente ai servizi, con l'obiettivo di carpire notizie per bruciare l'indagine. Quella stessa mattina mi squilla il telefono: è il padre di un amichetto di mio figlio che mi dice: «Luca, hai letto il "Corriere"?». Gli rispondo: «Sì, perché?». «Ma quello della macchina sono io, stavo solo rientrando a casa mia che è davanti a quegli uffici. Possibile che in Italia le indagini funzionino così?» Per Pignatone è troppo, decide di indagare Woodcock per violazione del segreto istruttorio e lo stesso fa con il suo braccio destro Giampaolo Scafarto. Il giornalista del «Fatto Quotidiano» Marco Lillo viene perquisito e a Federica Sciarelli, conduttrice di *Chi l'ha visto?* oltre che molto amica di Woodcock, viene sequestrato il telefonino. Come se non bastasse, la giornalista Annalisa Chirico sul «Foglio» apre scenari inediti, e mai smentiti, svelando che quando, il 16 dicembre 2016, la procura di Napoli apre l'inchiesta Consip con l'interrogatorio del manager Luigi Marroni, nella stanza con Woodcock è presente anche un magistrato della procura di Roma, Paolo Ielo, braccio destro di Pignatone: un mistero nei misteri. È uno scontro tra procure senza precedenti, ma soprattutto è un grande giallo, anzi un noir, di cui ancora oggi non conosciamo la fine, con carte che girano e quindi fughe di notizie, tutti che parlano con tutti. Una vera Babele, altro che inchiesta giudiziaria. Valgono le parole della povera pm di Modena Lucia Musti, destinataria, come detto, di un troncone dell'inchiesta, davanti alla commissione del Csm: «Siamo stati colpiti da questa baraonda, noi siamo una piccola procura, ricordo di aver messo persino i forestali a stampare carte, che è un assurdo, questa informativa di Napoli in verità non la leggemmo neanche, tanto era ampia e caotica, solo i titoli... Si parlava dal sindaco di Rodi Garganico al premier Renzi al figlio di Napolitano, i riferimenti a Modena erano poche righe in una marea di carte... A me avevano insegnato che le inchieste non si fanno così». E ovviamente quel verbale sarà da noi secretato, l'imbarazzo è forte.

Tutto questo per far fuori Renzi per via giudiziaria?
Mi sembrava di essere tornato ai tempi degli eccessi su Berlusconi. Il Csm non può chiamarsi fuori, su Woodcock viene aperto un procedimento disciplinare. Ma ormai il «Sistema» è impazzito, quasi fuori controllo, e anche il Csm ne rimane vittima.

In che senso?
Nel tutti contro tutti, il vicepresidente del Csm Legnini finisce in un fascicolo aperto dalla procura di Roma, che lo lambisce per rivelazioni di segreto d'ufficio a una giornalista sua amica, Silvia Barocci, che lavora con Lucia Annunziata alla trasmissione *Mezz'ora in più*. Ma, a parte questo, parlo con lui del fatto che il Csm dovrebbe aprire una istruttoria sulle due procure di Roma e Napoli, che pubblicamente se le stanno dando di santa ragione. Decidiamo di avvertire il procuratore di Roma, Pignatone, che a me era noto per una dote, quella di non perdere mai le staffe. In

quell'occasione invece Pignatone è una furia: «Roma» sbotta «deve rimanere fuori dai radar del Csm». Non ricordo di averlo mai visto così alterato, tanto che io e Legnini decidiamo di soprassedere. Resta in piedi il procedimento disciplinare contro Woodcock, ma anche lì ci sarà un colpo di scena.

Qui le cose si complicano: dalle sue parole sembra che ci fosse un collegamento tra l'inchiesta Consip portata avanti dalla procura di Roma e il Csm. È così?
Durante le audizioni che conduciamo al Csm su questa vicenda c'è una sorta di filo diretto tra me e il procuratore. Peraltro anche Pignatone conosce Luca Lotti, che in più di un'occasione è stato suo commensale a casa di Paola Balducci. E grazie anche a questo canale ha potuto instaurare un rapporto diretto con l'allora presidente del Consiglio Matteo Renzi, che peraltro sarà sentito direttamente dallo stesso Pignatone e dal pubblico ministero Stefano Pesci in occasione dell'indagine sulla telefonata di De Benedetti al professionista che curava i suoi interessi in borsa, dicendo di aver appreso queste notizie da Renzi.

Si crea in quel periodo una sorta di affidamento che naufragherà nei successivi sviluppi della stessa indagine Consip. Io rimango con il cerino in mano.

Storia infinita.
Già. Il 5 luglio del 2018 – ne ho traccia – il leader della corrente di sinistra, Giuseppe Cascini, mi vuole incontrare

per annunciarmi che su Woodcock il Csm si deve fermare. Ci incontriamo al bar Settembrini del quartiere Prati di Roma. Mi parla di un'intercettazione tra Legnini, vicepresidente del Csm e quindi arbitro della contesa, e l'ex onorevole Cirino Pomicino, in cui Legnini parla molto male del pm napoletano, in possesso dello stesso Woodcock, che è intenzionato a renderla pubblica per dimostrare che il Csm ha un pregiudizio nei suoi confronti. Riferisco la cosa a Legnini che sbianca, mi conferma che in effetti lui ha avuto un colloquio con Pomicino al bar Florian, nei pressi del Csm, in cui si è lasciato andare a giudizi negativi e anticipatori della sentenza nei confronti di Woodcock. Teme una campagna stampa violenta nei suoi confronti se la notizia dovesse trapelare.

Uno sceneggiatore non sarebbe stato capace di tanto, il problema è che voi dovreste essere il meglio della magistratura.
Ma non è finita. Mi consulto con il procuratore Pignatone, che mi conferma tutto: si tratta di un'intercettazione ambientale – tenuta riservata – eseguita presso gli uffici di Alfredo Romeo, imputato eccellente dell'inchiesta Consip, in cui Pomicino rivela il colloquio con Legnini. Per mettere una pezza suggerisco a Legnini di parlare con il procuratore di Napoli, Giovanni Melillo, che io e lui avevamo appoggiato per la nomina e che in teoria dovrebbe mostrarsi riconoscente. Parlo con il procuratore generale della Cassazione Riccardo Fuzio per farci spiegare da Melillo gli esatti termini della vicenda e sondare il Quirinale. Melillo pochi giorni

dopo incontra Legnini, è molto freddo e non ha nessuna intenzione di sbilanciarsi. Fuzio parla con il Quirinale e mi consiglia di non forzare: il disciplinare va rinviato, in quel momento Woodcock va salvato. E così sarà. A complicare definitivamente il quadro è anche questo messaggio che arriva sul mio telefonino: «Dei procedimenti romani quale gip e gup non occorre parlarne perché dovrebbero essere noti al Csm PER LA RILEVANZA». A scrivermelo con i caratteri in maiuscolo è Gaspare Sturzo che per perorare la sua causa mi ricorda di essere il gip della vicenda Consip.

Renzi non ottiene soddisfazione, la considera una sua sconfitta?
Io sono uno che da sempre non guarda alla singola partita ma al campionato, in carriera ne ho fatte e viste tante.

La condanna
Ciò che «noi umani» immaginavamo su Berlusconi

Facciamo un passo indietro. Il primo agosto 2013 la sessione feriale della Corte di Cassazione, presieduta da Antonio Esposito, dopo sette ore di camera di consiglio, condanna in via definitiva Silvio Berlusconi a quattro anni, di cui tre coperti da indulto, per frode fiscale nel processo sui diritti Mediaset. Da Milano il procuratore Bruti Liberati commenta soddisfatto: «La pena è immediatamente eseguibile». Matteo Renzi gli fa eco: «Game over». Cinque giorni dopo, il 6 agosto, sul quotidiano «Il Mattino» di Napoli esce un'intervista a Esposito, firmata dal giornalista Antonio Manzo, che aveva registrato il colloquio in cui il giudice anticipava di fatto le motivazioni della sentenza. «Berlusconi condannato perché sapeva» è il titolo che rispecchia il contenuto e il pensiero espresso dal magistrato, come stabilirà, nel 2017, il tribunale civile di Napoli, cui Esposito si era rivolto – chiedendo due milioni di euro di danni – sostenendo di non aver mai detto quelle cose a Manzo. Per gli avvocati di Berlusconi l'anticipazione delle motivazioni è una grave violazione della legge e dei diritti dell'imputato. Il caso ha un clamore tale che per forza deve finire davanti al Csm, il supremo organo.

La pratica la ereditiamo dalla precedente consiliatura, che aveva preferito rinviare e lavarsene le mani. Io ero conscio che non stavamo giudicando il comportamento di un collega ma la storia recente dell'Italia. In effetti le cose stavano come dicevano gli avvocati di Berlusconi, c'è poco da discutere. Ma si poteva noi offrire un assist a Berlusconi, dopo che per vent'anni si era cercato di metterlo all'angolo con ogni mezzo, proprio quando l'obiettivo era stato raggiunto?

Me lo dica lei.
Era una responsabilità enorme che andava oltre il merito della vicenda. Condannare Esposito sarebbe stata un'opzione corretta – lo aveva chiesto anche la procura generale – ma inevitabilmente avrebbe messo in dubbio la credibilità della sentenza sui diritti Mediaset. Viceversa, assolvere Esposito avrebbe rafforzato quella decisione. Senza voler violare il segreto della camera di consiglio, posso testimoniare che questo ragionamento logico aleggiava nell'aria, per usare un eufemismo.

E cos'altro «aleggiava nell'aria»?
Almeno altre due cose oltre a questa, una della quali mi riguardava personalmente.

Partiamo da questa.
Avevo conosciuto e frequentato, dal 2011 al 2013, il giudice della Cassazione Amedeo Franco, uno dei membri della corte che condannò il Cavaliere.

La condanna

Quello che dopo la sentenza andò da Berlusconi a scusarsi, sostenendo che lui era contrario alla condanna, che ci furono pressioni e che quella corte si comportò come un «plotone di esecuzione», e che per arrivare a quel verdetto «c'erano state pressioni da molto in alto», il tutto registrato in un audio che compare sulla scena nel 2020?

Proprio lui. Ci incontrammo più volte a cena, di solito il mercoledì sera, a casa di Paolo Glinni, magistrato in pensione che mi aveva presentato Filippo Catalano, collega e amico di mio padre, conosciuto durante la mia presidenza all'Anm. Non dopo la sentenza, come fece con Berlusconi, ma nelle settimane che la precedettero, Amedeo Franco mi parlò delle sue preoccupazioni sia per il modo anomalo con cui si era formato il collegio giudicante sia per le pressioni che si stavano concentrando affinché l'esito fosse di un certo tipo, in altre parole di condanna.

E lei che reazione ebbe?

Queste confidenze di Franco oggi, per mia volontà, sono nelle carte processuali che mi riguardano. All'epoca me le tenni per me.

Ma come, un magistrato come lei viene a conoscenza di una possibile turbativa su una sentenza che riguarda il capo dell'opposizione di un Paese democratico, e invece di segnalarla all'autorità giudiziaria la tiene per sé?

Capisco il senso della domanda. Ho commesso il reato di omessa denuncia? Sì, probabilmente l'ho commesso, ma

203

il primo a non denunciare nelle sedi opportune – se vogliamo essere onesti – fu proprio Franco, che pure aveva in mano, unico perché a me non fece nomi, tutti gli elementi. Parlai di quei colloqui durante la seduta del Csm per il disciplinare su Esposito? No, non ne feci cenno. Il contesto nel quale mi muovevo e operavo era lo stesso «Sistema» che in quel momento stava avvolgendo Franco. Alle mie orecchie quelle parole non suonavano come quelle di un marziano, non mi sorpresero. Sapevo benissimo che le cose potevano anche andare così.

E così andarono. Ha più rivisto Franco?
L'anno successivo, inizio 2014, durante la mia campagna elettorale per accedere al Csm. Mi parlò chiaramente della sua ambizione di essere nominato presidente di sezione della Cassazione. Con il senno di poi e senza possibilità di verifica – nel frattempo Amedeo Franco è morto – mi chiedo se il suo arrendersi alle pressioni di cui parlava riguardo alla sentenza fosse in qualche modo legato a promozioni a cui lui aspirava e che, magari, qualcuno gli aveva garantito per ammorbidirlo.

Pensa che qualcuno potesse averlo in mano?
Quello che è certo è che, dopo la sentenza Berlusconi, Franco inizia a chiamare insistentemente il Quirinale. Lo ha raccontato di recente, in un'intervista al «Corriere della Sera», Ernesto Lupo, allora consigliere per gli affari giuridici del presidente Napolitano. Più telefonate per lamentar-

si della «porcheria della sentenza Berlusconi», riferisce Lupo. E soprattutto del fatto che «il Csm non lo vuole promuovere a presidente della Cassazione».

Sarà poi promosso?
Ovvio, nella seduta del Csm del 15 gennaio 2015. Faceva parte di un pacchetto blindato. E qui accadde la seconda cosa anomala di questa vicenda.

Si spieghi.
I «pacchetti» di nomine, come abbiamo visto in precedenza, vengono confezionati dalle correnti e portati al Csm, dove normalmente vengono approvati all'unanimità. In quel caso non fu così. Si astiene il consigliere Ercole Aprile, che di Franco era stato collega nel collegio che aveva condannato Berlusconi. Sapendo di questa sua intenzione lo interrogo sui motivi. Mi dice: «Perché in quella camera di consiglio ho visto cose indicibili, cose che voi umani» citando la famosa frase di *Blade Runner* «non potete nemmeno immaginare».

Si spieghi meglio.
Se uno si astiene dovrebbe spiegarne il motivo, che in questo caso non può che riguardare cosa successe nella camera di consiglio che condannò Berlusconi. Non si può lanciare il sasso e ritirare la mano, limitandosi a dire nei corridoi: «Cose che voi umani…». Gli umani avrebbero diritto di sapere, e il Csm pure.

Si è parlato di un tentativo di Franco di registrare la seduta, e lo stesso Franco dirà che c'era stata un'intrusione dall'esterno. Qual è la verità?

Ciò che è successo lo sanno solo loro. Quello che io voglio dire è che la verità è stata chiusa in cassaforte, non la si deve sapere.

Le faccio sul dottor Aprile la stessa domanda che ho appena fatto su di lei. Un magistrato che è stato testimone di un possibile reato, qual è un'anomalia in camera di consiglio, non avrebbe l'obbligo di denunciarlo in modo dettagliato, come qualsiasi cittadino a conoscenza o addirittura testimone di fatti sospetti?

Certo che lo avrebbe. Ma le rispondo allo stesso modo di prima. I magistrati fanno parte di un «Sistema», e a quello rispondono. Secondo lei c'è un solo magistrato in tutta Italia che ha il coraggio di convocare Ercole Aprile per chiedergli di dettagliare la sua ipotesi di reato?

In un Paese normale dovrebbe esserci.

Ma non c'è, e infatti non c'è stato, a differenza di quanto accade in tutti gli altri ambiti. Lei si immagini se un consigliere di amministrazione di una grande società dichiarasse, uscito dalla seduta in cui si approva il bilancio, di avere visto cose fuori dal mondo. In poche ore quella società verrebbe circondata e setacciata dalla Guardia di Finanza e da una schiera di pm. Nel nostro mondo non è così, cane non mangia cane.

Domanda banale: perché?
Perché di mezzo c'è Silvio Berlusconi, perché ne va della tua carriera, dell'onore del corpo al quale appartieni. Se si provasse un'anomalia in quella sentenza cadrebbe un castello costruito in vent'anni di lavoro sul fronte politico e su quello giudiziario. Non è possibile che accada.

Veniamo alla terza cosa che «aleggiava nell'aria» in quella seduta del Csm che ovviamente si concluse con l'assoluzione del giudice Esposito.
Da poco il Csm aveva aperto un'inchiesta disciplinare nei confronti di Ferdinando Esposito, figlio di Antonio e magistrato alla procura di Milano. Diciamo un ragazzo esuberante, che io conoscevo bene per via di alcuni comuni amici.

Condannato pure, il 7 luglio del 2016, dal tribunale di Brescia per tentata induzione indebita.
Ma era solo l'ultima di una serie di, chiamiamole così, disavventure. La prima fu quando, in servizio a Potenza, fece un grave incidente stradale, la cui dinamica non fu mai chiarita. E poi a Milano le frequentazioni pubbliche con un'indagata, Nicole Minetti, consigliera regionale lombarda di Forza Italia, coinvolta nel caso Ruby; e ancora i pasticci economici con un amico che gli aveva affittato un attico vista Duomo che lui non voleva più pagare, al quale – risulta dalle carte di quel processo – disse: «Attento, alle tue aziende può capitare di tutto con un'inchiesta sbagliata».

Ci sono pure richieste di prestiti fuori luogo e, ciliegina sulla torta, la frequentazione per un certo periodo, proprio quello antecedente la sentenza di suo padre, di Arcore, il quartier generale di Berlusconi, il quale con la procura di Milano qualche conto aperto ce l'aveva.

Un bel curriculum per un magistrato, non c'è che dire.
Già, ma nonostante tutto quando andavo a Milano a volte lo incontravo. Di nascosto, perché se lo avessero saputo in procura sicuramente non avrebbero gradito. Non vedevano l'ora di liberarsene, e lo fecero sapere chiaramente al Csm.

I motivi a occhio non mancavano.
Non mancavano, ma quella pratica finì su un binario morto, e Milano smise di fare fretta. Ferdinando Esposito fu trasferito poi a Torino, ma il procedimento disciplinare, nonostante la rilevanza delle accuse, rinvio dopo rinvio, impedimento dopo impedimento, è andato avanti fino al 21 dicembre 2020 e si è concluso con la sua radiazione. Ma la parola fine ancora non c'è, perché il provvedimento è appellabile.

Eppure sono passati sei anni, un'enormità.
I tempi della giustizia variano, quelli del Csm deputato a decidere sui colleghi sono particolarmente elastici. Ma qui stiamo parlando del figlio del giudice che ha condannato Silvio Berlusconi, in un contesto che è quello che abbiamo

appena visto. Inutile che mi chieda se le due cose – la sentenza di assoluzione del padre e la lentezza del disciplinare del figlio – siano in relazione. È una domanda irricevibile, perché è maliziosa e perché non ci sono risposte basate su documenti.

Ma lei un'idea se la sarà pur fatta.
Faccio mia la frase del giudice Aprile: «Ho visto cose che voi umani non potete neppure immaginare», e a volte quelle cose le ho anche fatte, ma sempre e solo per difendere il «Sistema» di cui facevo parte. Io sono stato sempre consapevole che all'interno della magistratura ci fosse un determinato clima che riguardava il livello politico. Ma non prendiamoci in giro, tutti dentro la magistratura sapevano che il clima era quello, e tutti si adeguavano. Può essere che la sentenza su Berlusconi fosse stata condizionata da questa logica oppure no, fosse frutto di una libera volontà. Ma le volontà sono anche libere di seguire il percorso che si ritiene più utile o conveniente di altri.

Secondo lei anche la sentenza del giudice civile del tribunale di Milano, Raimondo Mesiano, che condannava Berlusconi a risarcire 750 milioni di euro a Carlo De Benedetti per il lodo Mondadori, rientra in questa logica?
Non sono in grado, e non mi va, di entrare nel merito dei singoli processi. Io ho svolto un ruolo che aveva a che fare con la politica giudiziaria, non con le sentenze. Non rinnego di aver difeso Mesiano, tanto è vero che ebbi modo di

parlarci nella immediatezza dei fatti. Ma detto questo, le confesso che, tra le tante che ho fatto, la difesa dell'autonomia di quel giudice attaccato da tutto il centrodestra all'indomani della sentenza – eravamo nel 2009 ed ero presidente dell'Anm – è stata dentro di me la meno convinta di tutte. Quella cifra, oltre a fare una certa impressione, appariva oggettivamente esagerata rispetto a tanti parametri, tanto è vero che in appello, nel 2013, venne sensibilmente ridotta, se non erro a 560 milioni, che restano comunque una somma ragguardevole, alcuni sostengono ancora sproporzionata al valore reale dell'azienda Mondadori. Ma oltre che delle cifre, tra di noi si parlava di una voce che girava al punto da essere riportata da alcuni giornali. Era la seguente: chi ha scritto in verità quella sentenza? Mesiano di suo pugno o ci fu una manina esterna? Io a questa versione non ho mai creduto.

Lei che idea si è fatto?

Le mie idee non contano, in quel momento non contavano neppure per me, che ovviamente le avevo. Conta solo stare uniti contro un nemico comune, in guerra funziona così e chi sostiene il contrario è un ipocrita. Sfido a trovare una sola persona che in quei giorni si sia espressa nel merito di una sentenza di centinaia di pagine. Nemmeno io l'ho fatto. Si stava dissanguando Berlusconi, per di più a vantaggio dell'icona della sinistra Carlo De Benedetti, e questa era l'unica cosa che in quel momento contava. Come ho già detto, ci è venuta in aiuto la questione dei «calzini azzurri» indossati da Mesiano, esibiti da Canale 5 il giorno successivo alla sentenza a mo' di scherno. È stata un'arma di distrazione di massa, non potevamo desiderare di meglio. Si parlava dei calzini e non dell'abnormità della sentenza, per la quale un po' di imbarazzo, devo ammettere, l'avevamo. Sui calzini di Mesiano si convoca una giunta dell'Anm e una seduta del Csm, si parla addirittura di sciopero dei magistrati. Parte la grancassa mediatica. Si muovono un po' tutti, dalla Federazione nazionale della stampa e l'Ordine dei giornalisti ai partiti e i giornali di sinistra, insomma il «Sistema» si attiva. Visto oggi fa sorridere, ma allora erano cose estremamente serie. Non si poteva lasciare solo un collega che aveva dato una botta micidiale al presidente del Consiglio.

La ferocia e l'inganno
Salvini e le due magistrature

Ci sono vicende in cui l'aspetto giudiziario s'intreccia non solo con quello politico ma anche con quello ideologico?

Sì, ed è un mix esplosivo, come nel caso di Salvini, indagato per sequestro di persona per il blocco dei porti agli sbarchi di immigrati. Nell'estate del 2018 gli ingredienti ci sono tutti: un ministro degli Interni di destra, il povero immigrato maltrattato, la sinistra che cerca la rivincita dopo la batosta elettorale. Un piatto ghiotto, ovvio che la magistratura scenda in campo. Il culmine lo si tocca l'estate successiva, nel 2019, proprio nelle settimane in cui anche le tensioni nel governo tra Lega e Cinque Stelle sono in rapido crescendo. Io non le so dire se sia più la magistratura che tenta di dare la spallata al «governo delle destre», come veniva chiamato il Conte 1, o se sia Salvini a cercare il martirio per tenere comunque alto il suo consenso su un tema a cui l'opinione pubblica è sensibile, ma sta di fatto che quel governo, come tutti quelli che sfidano i magistrati, cadrà. Sarà una coincidenza, ma cadrà.

Tutto inizia all'alba del 16 agosto 2018, quando la nave della Guardia Costiera Ubaldo Diciotti *soccorre in mare 190 immi-*

grati. Da Roma Matteo Salvini, ministro degli Interni, ordina il divieto di sbarco. La nave rimane ferma al largo, prima di Lampedusa e poi di Catania, per cinque giorni, aspettando disposizioni. Poi, l'estate successiva, stessa sorte toccherà alle navi Gregoretti *e* Sea Watch.

Il magistrato più attivo di tutti è Luigi Patronaggio, procuratore di Agrigento nominato nel 2017 in quota Magistratura democratica. Indaga Salvini sia per la *Diciotti* sia per la *Gregoretti*, la *Open Arms* e la *Sea Watch*, per la quale ordina lo sbarco immediato di tutti gli immigrati dopo una visita a bordo in favore di telecamere.

Suscitando l'ira del ministro degli Interni, che in tv parla di lui come di uno che stia commettendo il reato di favoreggiamento dell'immigrazione clandestina.

Che si vada a uno scontro è chiaro fin dal primo avviso di garanzia, quello per la *Diciotti*. Il più veloce a saltare sul caso è il vicepresidente del Csm Giovanni Legnini, come tutti noi in scadenza di mandato. Il 24 agosto 2018, alle 21:07, mi manda il seguente messaggio: «Luca, dobbiamo dire qualche cosa sulla nota vicenda della nave, Area (corrente di sinistra, *N.d.R.*) è d'accordo a prendere l'iniziativa, Galoppi (Claudio Galoppi, consigliere Csm, *N.d.R.*) idem, senti loro e fammi sapere domani mattina». E ancora: «Domani mattina dovete produrre una nota, qualche cosa insomma», forse sapendo già che il giorno seguente Salvini riceverà l'avviso di garanzia. Ma c'è qualche cosa che non mi torna.

Cos'è che non torna?
Tanto attivismo non è da lui. In quattro anni di Csm non era mai capitato che ci dovessimo rincorrere sui telefonini da una spiaggia all'altra d'Italia. Perché tanta fretta? Ho il sospetto che Legnini stia giocando una partita personale per ingraziarsi i maggiorenti del Pd. Sono i giorni in cui si discutono le liste per le imminenti elezioni regionali in Abruzzo, e gira voce che lui intenda candidarsi a governatore con la sinistra, cosa che poi in effetti avverrà. Per il dopo Csm in realtà puntava ad andare all'Antitrust, aveva cercato una sponda al Quirinale – così mi confidò – ma gli avevano fatto sapere che non era aria.

Sconfitto alle elezioni in Abruzzo, Legnini non resterà disoccupato, gli trovano un posto come commissario delle zone terremotate. Ma lei in quel momento era l'unico ad avere sospetti di questo genere?
Per nulla. Ecco cosa mi scrive quella stessa sera il consigliere del Csm Nicola Clivio: «Perché lui (Legnini, *N.d.R.*) ci chiede di dire qualcosa sulla storia della nave, e noi lo facciamo volentieri, ma poi non si deve dire che lui comincia così la sua campagna elettorale. Chiaro lo schema? Non dire a nessuno che ti ho detto questo». E io gli rispondo: «Esatto, lo chiede a tutti, anche a noi. Gli ho detto che ci devo riflettere, deve essere una riflessione di tutti coperta anche dai nuovi altrimenti la nostra diventa una cacchetta».

217

Il giorno dopo, alle 16:02 l'Ansa batte, preceduta dall'asterisco che segnala le notizie importanti, il seguente lancio d'agenzia: «Del caso Diciotti *deve occuparsi il primo plenum del Csm in programma il 5 settembre. È quanto chiedono, con una lettera al vicepresidente Giovanni Legnini, i capigruppo togati Valerio Fracassi, Claudio Galoppi, Aldo Morgigni e Luca Palamara». Segue la solita nota sulla tutela dell'indipendenza della magistratura eccetera eccetera. Sospetti o non sospetti la sua «riflessione» è durata poche ore.*

Prima regola: mai dividersi. Il clima tra governo e magistratura è tornato quello di dieci anni prima, ai tempi della contrapposizione con Berlusconi. E noi torniamo ai metodi di dieci anni prima. Di questo parlo, mettendolo in guardia, anche con Matteo Piantedosi, capo di gabinetto di Salvini, che diventerà poi prefetto di Roma, a una cena a casa della collega Paola Roja, presenti il procuratore di Roma Pignatone e il procuratore generale Fuzio: se Salvini continua ad attaccare i giudici non fa che compattarli contro di lui, com'è accaduto prima sia a Berlusconi sia a Renzi. L'attacco frontale alla magistratura è perdente, vince sempre la magistratura al di là che ci sia o no un uso politico delle inchieste, ipotesi che io non mi sento di escludere.

Passano tre-cinque ore da quel duro documento diffuso dall'Ansa, che lei, messaggiando con il procuratore di Viterbo Paolo Auriemma, usa ben altri toni. Vale la pena di rileggere quello scambio di idee:

La ferocia e l'inganno

Auriemma: «Mi spiace dover dire che non vedo veramente dove Salvini stia sbagliando. Illegittimamente si cerca di entrare in Italia e il ministero dell'Interno interviene perché questo non avvenga. E non capisco cosa c'entra la procura di Agrigento. Questo dal punto di vista tecnico, al di là del lato politico. Tienilo per te o sbaglio?».
Palamara: «No, hai ragione. Ma ora bisogna attaccarlo».
Auriemma: «Peraltro ha ragione Fuzio. Se la frase (di Salvini, N.d.R.) è solamente questa dove sono le interferenze? Comunque è una cazzata atroce attaccarlo adesso, perché tutti la pensano come lui, tutti. E tutti pensano che ha fatto benissimo a bloccare i migranti, che avrebbero dovuto portare di nuovo da dove erano partiti».

Auriemma pone un tema vero, sentito da tanti colleghi che vivono del loro e non partecipano al grande gioco del potere, che non devono rispondere al «Sistema» di quello che pensano, dicono e fanno.

Qual è questo «tema»?
Le posizioni espresse dall'Anm e dal Csm sul caso *Diciotti* e più in generale sulla gestione dell'immigrazione clandestina sono legittime o costituiscono uno sconfinamento nell'area della politica? È giusto che nel 2018 si debba andare ancora in testa a un ministro per sostituire, integrare o rafforzare l'opposizione politica della sinistra al governo di turno da cui è esclusa? Di questo, al netto della sintesi di un messaggino, sto discutendo con Auriemma. Gli

dico: «Hai ragione». Ma gli dico anche che bisogna fare così perché altrimenti si spaccherebbe il governo dei magistrati, ipotesi che, in quei giorni e su quel tema, è reale.

Però continuano a esistere due Palamara, quello che parla con Auriemma e gli scrive «hai ragione» a criticare Patronaggio, e il suo opposto, quello che al procuratore Patronaggio scrive: «Carissimo Luigi, ti chiamerà anche Legnini, siamo tutti con te», e «Carissimo Luigi, ti sono vicino, sii forte e resisti, siamo tutti con te».

Il secondo messaggino si riferisce a una minaccia che aveva ricevuto, la mia solidarietà non poteva mancare ed era sincera. Ma non per questo voglio sfuggire al senso della domanda. Esistono tanti Palamara quanti ne servono per gestire con successo situazioni complesse e delicate. Del resto esistono anche due magistrature e due giustizie, il mio compito in quel momento era quello di tenerle insieme.

Due giustizie?
Certo, due giustizie. Quella del procuratore di Agrigento, Patronaggio, che fa sbarcare gli immigrati e in qualche modo giustifica e protegge il ruolo delle Ong, e che indaga il ministro degli Interni per sequestro di persona. Poi c'è la giustizia del procuratore di Catania, Carmelo Zuccaro, che negli stessi giorni e per gli stessi reati, per ben due volte, dà parere contrario a indagare Salvini; le navi le sequestra e alle Ong fa la guerra, ritenendole complici degli

scafisti, in alcuni casi addirittura indagando i loro equipaggi per associazione a delinquere finalizzata all'immigrazione clandestina. Catania e Agrigento distano tra loro solo un centinaio di chilometri, stesso mare, stesse navi, stesso Stato, stesso ministro e stesse leggi. Ma le leggi, com'è noto, non si applicano, si interpretano sì in base alla preparazione, ma anche alla sensibilità culturale, ideologica, politica dei magistrati, e a volte purtroppo anche alla loro appartenenza.

Rispetto a questo sdoppiamento non mi sembra che il governo dei magistrati sia equidistante, e neppure lei nei fatti lo è. Patronaggio passa per un eroe, Zuccaro per un avventuriero fazioso.

Se è per questo anche la maggior parte dei giornali, dei partiti e dei cosiddetti intellettuali segue la stessa strada e si schiera senza se e senza ma dalla parte di Patronaggio. Chi l'ha deciso? Non c'è uno che dà le carte, c'è un blocco culturale omogeneo che si muove all'unisono e che in magistratura fa leva su Magistratura democratica, la corrente di sinistra che, da quando è nata, non ha mai abdicato al ruolo sociale che si è data di paladina dei diritti al di là delle leggi. Negli anni Settanta, con i famosi pretori d'assalto, fu la lotta al capitalismo e la difesa a oltranza dei lavoratori, poi si aggiunse la tutela dell'ambiente e infine, ai tempi attuali, il tema dell'immigrazione. Risultato? Ci sono situazioni in cui il Parlamento è scavalcato dai magistrati, le leggi dalle sentenze. Così è andata.

E le altre correnti che hanno fatto nel frattempo?

Magistratura democratica è l'unica che sui temi sociali ha prodotto una sua elaborazione culturale, cosa mai fatta né da Unità per la Costituzione, che sta nel mezzo pescando aderenti sia a sinistra sia a destra – e quindi priva di un marcato tratto distintivo –, né da Magistratura indipendente, che viceversa enfatizza i temi sindacali tipo gli stipendi, l'organizzazione e i carichi di lavoro. Tutti cavalli di battaglia del suo leader Cosimo Ferri, che ha ben capito che i magistrati entrati dopo il '97 sono colleghi che non hanno vissuto il '68: innanzitutto vogliono vivere comodi, non avere problemi; hanno sofferto per arrivare ad avere la toga e adesso vogliono godersela, stare meglio e non essere di continuo coinvolti in estenuanti scontri ideologici.

A Magistratura indipendente era iscritto anche Nunzio Sarpietro, il giudice di Catania che ha gestito l'udienza preliminare del processo a Salvini. «Salvini stia tranquillo,» ha detto ai giornalisti il 24 settembre 2020, alla vigilia del dibattimento «che qui non ci sono Palamara» rispondendo indirettamente al leader della Lega che pochi giorni prima aveva detto: «Mi auguro di non trovare a Catania un altro Palamara».

Quello di Sarpietro è un giudizio inquinato da questioni personali. Nel 2015 bisognava nominare il nuovo presidente del tribunale di Catania e Sarpietro presentò al Csm la sua candidatura. Non passò; con il mio contributo decisivo gli fu preferito un altro magistrato, Bruno De Marco, esponente della mia corrente. E mi adoperai affinché la nomina di De Marco venisse confermata nonostante il suo legittimo ricorso al Tar. Se non sbaglio, dopo quella bocciatura si dimise da Magistratura indipendente. Mi resta il dubbio che, se invece di essere bocciato fosse stato nominato, quella tessera se la sarebbe tenuta stretta. Capisco che possa essere risentito, ma tanto ho imparato sulla mia pelle che osteggiati e beneficiati, quando gira il vento, uguali sono. Sarpietro mi insulta solo ora che sono caduto in disgrazia. De Marco peraltro sarà il presidente del collegio dei probiviri che nel 2020 decreterà la mia espulsione dalla magistratura. Detto questo, sono convinto dell'assoluta autonomia di giudizio di Sarpietro.

Miracolo a Milano
Lo scontro tra Bruti Liberati e Robledo

C'è uno scontro rimasto famoso nella magistratura che spieghi bene che cos'è il «Sistema» e come si difende?

Le racconterò quello che meglio descrive come si comporta il «Sistema», non solo quando è attaccato da fuori, ma anche dalle minacce che provengono dal suo interno. L'anno è il 2014, i protagonisti sono Edmondo Bruti Liberati, procuratore di Milano, uomo cardine del «Sistema», e il suo aggiunto Alfredo Robledo, che aveva la delega ai reati contro la pubblica amministrazione. Sullo sfondo c'è l'inchiesta su Expo Milano 2015 che improvvisamente si ferma, quella su Ruby e Berlusconi che improvvisamente decolla, quelle sulla sanità lombarda e Roberto Formigoni e quella sulla Sea, la società che gestisce gli aeroporti milanesi, che Bruti Liberati dimenticherà, per sua stessa ammissione, in cassaforte per mesi, vanificandone gli effetti. Fatto per cui sarà anche indagato, ma poi la cosa finirà nel nulla.

Roba delicata, roba che scotta.

Molto, al punto che oltre alle correnti che governano il Csm deve scendere in campo direttamente e – cosa rara – pubblicamente il presidente della Repubblica Giorgio

Napolitano. Ovviamente anch'io sono della partita, né il solito cecchino può astenersi dallo sparare il colpo di grazia.

Il caso nasce il 14 marzo 2014, quando sul tavolo del Csm arriva l'esposto di Robledo con oggetto «fatti e comportamenti» messi in atto dal suo capo, Bruti Liberati. Robledo documenta come il procuratore lo escluda da indagini che sulla carta toccherebbe a lui condurre, tra le quali appunto Expo e Ruby. E indirettamente avanza il sospetto che l'assegnazione delle inchieste a Milano sia pilotata per ottenere un risultato anziché un altro. Trova che sia una possibilità reale?

Nel 2006 la riforma Castelli, ministro della Giustizia del governo Berlusconi, tra le altre cose cancella il principio per cui tutti i magistrati, indipendentemente dai ruoli e dalla gerarchia, godono della stessa libertà e autonomia. Il procuratore capo diventa il responsabile unico, che distribuisce e revoca deleghe ai sostituti e assegna le inchieste in modo arbitrario. Una rivoluzione copernicana che concentra tutto il potere nelle mani di un uomo. Immagino che l'obiettivo della politica fosse: per avere sotto controllo tutta la procura basta avere il controllo di un solo uomo. I pubblici ministeri si ribellano e ci vuole una circolare del Csm per rimettere a posto le cose e fornire un'interpretazione costituzionalmente orientata della legge. Ma per il centrodestra quella legge si è dimostrata un boomerang, per via del meccanismo delle nomine dei capi pilotato, dalla plancia di comando del Csm, dalle correnti della magistratura. Bruti Liberati ne è un chiaro esempio.

Perché, a chi risponde Bruti Liberati?

Alla sua coscienza, ovviamente, ma l'inevitabile gioco di sponda con i suoi riferimenti politici e culturali non può essere un mistero. Ed è un fatto che all'interno degli uffici della procura, le inchieste più delicate e con risvolti politici vengano affidate a un gruppo ristretto di procuratori e che lui in questo caso le abbia assegnate a Ilda Boccassini e Francesco Greco, che poi, come vedremo, prenderà il suo posto. Emblematico è il riconoscimento tributato da Matteo Renzi a Bruti Liberati, dopo l'incontro ufficiale avvenuto nella procura di Milano il 5 agosto 2015, per la «sensibilità istituzionale» che permise l'apertura nei tempi previsti di Expo Milano.

Che in altre parole significava: grazie per aver allentato le indagini, altrimenti, tra avvisi di garanzia, arresti e sequestri, l'Italia sarebbe diventata lo zimbello del mondo. Grazie insomma di aver isolato Robledo.

Appunto. Vede che la giustizia è elastica: in alcuni casi si ferma di fronte alle necessità della politica – soprattutto se al governo c'è la sinistra – in altri, come nel caso Ruby, va avanti come uno schiacciasassi anche se il farlo nuoce all'immagine e alla credibilità del Paese. Non c'è etica, solo convenienza.

Ma torniamo a Robledo, lui a questo gioco non ci sta e sfida il grande guru della sinistra giudiziaria e della magistratura italiana.

Lo fa, ma è un kamikaze. Il Csm è in difficoltà perché in

punta di diritto Robledo non ha tutti i torti. Le pressioni per fermare il suo ricorso sono fortissime, le denuncerà anche Ferruccio de Bortoli, allora direttore del «Corriere della Sera», dopo aver saputo di una telefonata di Bruti Liberati a Piergaetano Marchetti, presidente di Rcs, la società editrice del «Corriere». «Avemmo con Bruti uno scambio telefonico non simpatico» racconterà de Bortoli.

La posta in gioco, evidentemente, è alta.
Al punto che si muove Napolitano in persona. Se cade Bruti cade il «Sistema», e rischiano pure di essere incrinate delicate inchieste tra cui anche quella su Ruby. Io in quel momento non sono ancora al Csm, ci entrerò e me ne occuperò di lì a poco. Il giorno del plenum, il 19 giugno 2014, il colpo di scena. Il vicepresidente Vietti legge ai consiglieri una lettera del presidente Giorgio Napolitano, che ricorda come a norma di legge il procuratore capo abbia il diritto di decidere a chi affidare le indagini. Un chiaro messaggio: Bruti Liberati non si tocca. A quel punto votare a favore di Robledo equivale a sfiduciare Napolitano. Non si può fare. Il ricorso di Robledo viene respinto, Bruti Liberati è ferito ma salvo. Il «Sistema» tira un sospiro di sollievo, ma adesso bisogna regolare i conti.

Ed entra in campo anche lei.
A fine 2014 s'insedia il nuovo consiglio del Csm, di cui io faccio parte, e il vicepresidente Legnini mi affida il provvedimento disciplinare aperto su Robledo.

Provvedimento disciplinare?

In rapida sequenza accadono altre cose. In sintesi: Bruti Liberati fa un contro-esposto nel quale ipotizza una sospetta gestione da parte di Robledo dei soldi sequestrati nel corso di alcune indagini, che invece di finire al Fug, il fondo unico per la giustizia, vengono parcheggiati in una banca di Monza. In più trasferisce Robledo in un ufficio marginale, ma soprattutto dagli archivi della procura di Brescia arriva una carta che si rivelerà fondamentale per disinnescare definitivamente Robledo.

La carta del cecchino?

Proprio quella. Sono intercettazioni che risalgono al 2012 in cui Robledo parla con grande confidenza con Domenico Aiello, avvocato di Roberto Maroni, governatore della Lombardia, e membro della Lega. Parla e gli anticipa alcuni dettagli di un'inchiesta in corso sui rimborsi gonfiati ai consiglieri leghisti. Ad ascoltarle erano i magistrati di Reggio Calabria, che per competenza li trasmettono ai colleghi di Brescia, deputati a indagare sui magistrati di Milano. A Brescia il fascicolo viene archiviato per inconsistenza, ma ora, a quattro anni di distanza, torna utile riesumarlo. E a farlo, guarda caso, sarà «L'Espresso», settimanale in prima linea nella guerra della magistratura prima contro Berlusconi, poi contro Renzi e oggi contro Salvini. Per Robledo sarà la fine.

Che scriverà lei.

La firmo io perché succede che il vicepresidente del Csm

Giovanni Legnini mi designi relatore del fascicolo. C'era una grande attesa per una sentenza esemplare, con una notevole pressione intorno a questa decisione. Deliberiamo il trasferimento di Robledo da Milano a Torino, non più come procuratore ma come giudice. Lui fa ricorso e lo perde: resterà a Torino, ma noi poi ci convinciamo che può rimanerci anche come procuratore. E allora, il Csm apre nei suoi confronti, cosa rara, la pratica cosiddetta di «non conferma»: una sorta di declassamento professionale, di non affidabilità e non credibilità, dal quale lui si salverà dimettendosi dalla magistratura.

Lo avete ucciso.

Gliel'ho già detto e glielo ripeto: Robledo, andando contro Bruti Liberati, si è suicidato, non poteva uscirne vivo perché il «Sistema» è spietato e non fa prigionieri. E quando vuole, come in questo caso, agisce velocemente. Ma di tutta questa vicenda sa qual è la cosa che mi ha colpito?

Quale?

Nell'esposto presentato, Robledo racconta un aneddoto che riguarda uno dei tanti scontri avuti con Bruti Liberati: «Ricordo che, parlando della mia nomina a procuratore aggiunto di Milano, mi disse espressamente che avrei dovuto seguire le sue indicazioni, perché la mia nomina era stata resa possibile dal voto di differenza espresso da un consigliere di Magistratura democratica, aggiungendo che lui avrebbe potuto far uscire dall'aula al momento del voto quel consigliere della sua corrente dicendogli di andare a fare la pipì e io non sarei stato nominato». Come dire: amico, qui comandiamo io e le correnti, tu sei mio e devi fare quello che dico io. Bruti Liberati, nella sua deposizione al Csm, confermò quella circostanza, la declassò a «battuta», ma chissà perché chiese di omettere questo punto dal verbale. Era evidentemente in imbarazzo per quella frase, arrogante ma anche rivelatrice di tante cose indicibili che ora contestano solo a me. Il grande moralizzatore, capo della magistratura di sinistra, che ordinava ai suoi se andare in bagno o no per far passare o bocciare una nomina.

Ma anche Bruti Liberati uscirà a pezzi da quella storia. Tanto che sul finire del 2015 presenta le dimissioni, rinunciando alla proroga di un anno di cui avrebbe avuto diritto, dimissioni accettate dal Csm.

Il clima si era avvelenato, la procura di Milano era lacerata, se Bruti Liberati non si fosse dimesso, la situazione sarebbe diventata incandescente e sarebbero continuate le accuse reciproche fino a tirare fuori chissà quali storie. Era saggio cambiare pagina prima che fosse troppo tardi, e forse in questo fu anche consigliato.

Quindi bisogna eleggere il nuovo procuratore di Milano.

Siamo nell'aprile del 2016: dopo l'uscita di Bruti Liberati la sede resta vacante, prima di procedere bisogna ricomporre le fratture e fare calmare le acque del caso Robledo. Non si esclude neppure l'invio di un papa straniero, si fanno in nomi di Giovanni Melillo, in quel momento distaccato come capogabinetto del ministro della Giustizia Orlando, e di Nicola Gratteri, che – non gradito alle correnti di sinistra che a Milano comandano – viene però dirottato proprio in quei giorni a Catanzaro con procedura d'urgenza, per sostituire il procuratore capo Antonio Lombardo, andato in pensione. Da Milano arrivano al Csm tre candidature, quelle di Francesco Greco, di Ilda Boccassini e del suo ex marito Alberto Nobili.

La possibilità di commissariare la procura di Milano con un esterno era concreta?

Melillo poteva giocarsela, tanto è vero che rimarrà in corsa fino alla mattina del giorno della votazione, il 13 maggio, quando fu chiaro che non sarebbe passato.

Per via del fatto che era legato a doppio filo con il ministro della Giustizia?

Orlando non è assolutamente un renziano ortodosso, ma certo c'è il sospetto che il premier Renzi stia cercando di mettere una bandierina su una procura strategica com'è quella di Milano. Mi risulta che anche nel centrodestra sentano puzza di bruciato, di una trappola, e si attivino per stopparla. Iniziano le audizioni, una pura formalità, i giochi e le valutazioni si fanno altrove, nei conciliaboli tra le correnti e tra queste e i consiglieri laici del Csm che rappresentano i partiti.

Lei che posizione tiene?

Per Melillo parlo sia con Orlando sia con Lotti, al quale nel frattempo mi sono avvicinato, ma all'inizio della trattativa in realtà sto alla finestra. La prima mossa tocca alla corrente di sinistra, che è maggioritaria a Milano. Come Unicost non abbiamo un nostro candidato, i miei di Milano spingono per Alberto Nobili, ma io resto vago e non prendo impegni. So bene che qualsiasi candidato, per sperare di vincere, ha bisogno dei voti che controllo io. Da me si deve passare, devo solo aspettare il momento giusto per incassare un credito con la sinistra, da spendere poi in una partita successiva quando avrò io il candidato forte.

Il Quirinale che ruolo gioca?

Ufficialmente nessuno, ma il Quirinale è sempre in partita per definizione. Comunque, la prima candidatura a saltare è quella di Ilda Boccassini, che non avendo nessun aggancio né con le correnti né con la politica esce subito dai giochi. Per lei non c'è alcuna possibilità.

Fuori uno, anzi una.

Le nomine sono una corsa a eliminazione. Restano in campo l'outsider Melillo, Greco e Nobili. Quest'ultimo ha anche l'appoggio della corrente di destra di Cosimo Ferri e in particolare di Claudio Galoppi, che dopo la vicenda Robledo non vuole un procuratore, come sarebbe Greco, in continuità con Bruti Liberati. Non mi resta che sapere su chi punterà la corrente di sinistra.

Vuole insomma correre in soccorso dei vincitori.

Così funziona, a volte una partita la si può vincere aiutando l'avversario in quel momento più forte. Il segnale che aspettavo arriva: Magistratura democratica rompe gli indugi e va su Greco. È il momento. Incontro Greco all'Hotel Montemartini, in centro a Roma, ci intendiamo subito e gli garantisco il mio appoggio, anche se Unicost Milano ancora insiste su Nobili. Mi rendo conto che Greco gode di un buon indice di gradimento, oltre che ovviamente nella sinistra, anche nel centrodestra, come in effetti poi si dimostrerà nel plenum del Csm con il voto convinto di Maria Elisabetta Alberti Casellati, membro laico di Forza Italia e futura presidente del Senato.

Tutto più semplice del previsto.

Solo apparentemente. In quei giorni le pressioni, in un senso e nell'altro, sono state molto forti. Melillo, come detto, ritira la candidatura solo all'ultimo minuto e Nobili, la mattina del voto, mi fa una telefonata più simpatica che drammatica: «Non sapevo» mi dice «che per perorare la mia causa avrei dovuto chiamarti prima. Lo faccio adesso anche se so di essere fuori tempo massimo».

Ha più rivisto Greco?

Il rapporto continua anche per concordare le nomine dei suoi aggiunti. Per questo sono rimasto perplesso quando, scoppiato il caso che mi riguarda, Greco – che è certamente un magistrato di valore – ha parlato delle «umilianti logiche romane che sovrintendono al Csm». A Milano, può essere, i magistrati non fanno né pranzi né cene. In effetti basta prendere un treno e venire a farle a Roma. È impensabile che il «Sistema» resti fuori dalla nomina del procuratore di Milano. Se, come si dice nel nostro ambiente, il procuratore di Roma vale come due ministri, quello di Milano, per volare basso, ne vale almeno uno e mezzo. E questo lo sanno tutti, anche Francesco Greco.

Così fan tutti
Anche Davigo nel mare periglioso delle correnti

Quali sono i primi segnali che le fanno capire il mutare dei venti?

Il 24 settembre 2018, giorno in cui finisce la mia consiliatura al Csm, il procuratore di Roma Pignatone viene a trovare me e la collega Balducci, come segno di attenzione e di ringraziamento per il lavoro fatto. Mentre lo accompagno alla macchina mi chiede se ho deciso di entrare in politica, come lui mi aveva suggerito in un messaggino del 22 dicembre 2017, a pochi mesi dalle elezioni politiche. In quel parcheggio mi dice che forse non è il caso che io rientri in procura a Roma, perché le notizie che riguardano il mio fascicolo giudiziario prima o poi usciranno e «non possiamo sapere come finirà la tua storia». Io risposi che no, non temevo gravi conseguenze e che se anche fossero usciti i fatti della mia vita privata avrei saputo come affrontarli. Nella mia testa quella era l'unica vera preoccupazione.

Le stanno chiudendo la porta in faccia?

Mi sembra chiaro, ma la sera di quello stesso giorno ricevo un regalo dal vicepresidente del Csm, Giovanni Legnini, anche lui a fine mandato. È un libro, c'è una dedica:

«Caro Luca, grazie per avermi saputo condurre nel mare periglioso della magistratura italiana e grazie per l'enorme lavoro che hai saputo realizzare. Senza la tua esperienza e il tuo intuito non ce l'avrei fatta. Ricorderò sempre la tua fiducia in me e sono certo che la nostra è un'amicizia indelebile. Roma, 24 settembre 2018, Giovanni». Parliamo del vice del presidente Mattarella, alla guida della giustizia italiana negli ultimi quattro anni, uno che con me ha condiviso ogni passo, ogni singola nomina, tutte le strategie e la linea politica.

Bella soddisfazione, ma sia Giovanni Salvi, oggi procuratore generale della Cassazione, sia Piercamillo Davigo di recente hanno sostenuto che per un magistrato «autopromuoversi» presso i colleghi del Csm non sia né reato né disdicevole. A lei imputano di essere andato oltre.

Sulla prima parte del discorso la penso esattamente come loro: autopromuoversi è la norma, tutti lo fanno. La seconda parte, quella su di me, è ipocrita e sa molto di autoassoluzione.

In che senso?

Nel momento stesso in cui uno si raccomanda per una nomina vìola le regole del gioco, ammette che i curricula e l'oggettività del giudizio non sono l'unico criterio possibile e accettabile. Ogni singola autopromozione finisce in un calderone insieme ad altre decine e la possibilità di successo dipende dall'abilità del referente di mandarla in porto attraverso accordi, scambi, tradimenti e mediazioni a cui la politica non è estranea. È un lavoro sporco? Dipende. Se il candidato in questione vince, no, dirà che per lui è stato il trionfo del merito; se perde, urlerà che è il «marcio delle correnti». Quando il procuratore Giovanni Salvi si apparecchiò con me su una terrazza romana per diventare procuratore generale della Corte di Cassazione, cosa si aspettava? Che ne avrei parlato la sera a cena con mia moglie o che avrei messo in campo tutte le mie relazioni per fargli raggiungere l'obiettivo? E non era la prima volta che Salvi, che quel posto successivamente lo ha raggiunto, mi incrociava.

Siamo parlando di chi oggi siede sulla poltrona più importante della magistratura italiana.

Esattamente. Ma guardi questi tabulati del Csm del giugno 2015:

Procuratore generale di Milano: Roberto Alfonso
Procuratore generale di Napoli: Luigi Riello
Procuratore generale di Roma: Giovanni Salvi

Sono nomi proposti e approvati all'unanimità nel giro di dieci giorni. Ognuno dei tre può quindi dire: io con la spartizione del metodo Palamara non c'entro nulla, io sono stato nominato all'unanimità, quindi io sono fuori dal metodo delle correnti, io sono stato nominato solo perché sono il più bravo. Attenzione, che se si capisce questo si capisce tutto. Ecco com'è andata in realtà. Si era creata una situazione di blocco sulle nomine nelle procure generali in scadenza. Insieme ai miei omologhi delle altre correnti, Claudio Galoppi per Magistratura indipendente e Valerio Fracassi di Area, faccio un ragionamento che è l'uovo di Colombo: siamo tre correnti e ci sono tre nomine da fare, Roma, Napoli e Milano? È semplice: una a me, una a te e una a lui. Indipendentemente dalle forze e dai nomi in campo. Ci presentiamo al plenum compatti e vinciamo. E infatti passano Alfonso per Magistratura indipendente, Riello per Unicost e Salvi per Area. Io propongo un metodo e trovo terreno fertile. Nasce così la più clamorosa delle spartizioni correntizie: tre procure generali? Benissimo, una per corrente. È vero che c'è l'unanimità, ma segue e copre tutte le trattative che l'hanno preceduta, trattative che non hanno escluso l'interfaccia con mondi diverso dal nostro. Nasce così la regola dell'uno a me, uno a te e uno a lui. Il problema si sposta sui derby interni alle correnti tra gli aspiranti a un determinato posto e sulle pressioni che arrivano dal territorio, che creano un intreccio difficile da sbrogliare. Quello che è certo, e documentabile, è che Salvi, ex membro del Csm, uomo di Magistratura democratica nonché ex presidente dell'Anm, chiese di vedermi e mi spiegò con fermezza le ragioni per cui chiedeva di – e doveva – rientrare a Roma, la sua città, a mio avviso ben conscio che senza il mio aiuto molto probabilmente non ce l'avrebbe fatta. Ma anche prima di Roma Salvi ha avuto, diciamo così, molta fortuna.

Prima di Roma era a Catania come procuratore capo.
Salvi è stato, dal 2002 al 2006, consigliere del Csm. Nel 2011 vorrebbe andare a fare il procuratore capo a Catania, ma in corsa per quella sede c'è un leader storico della mia corrente Unicost, Giuseppe Gennaro, anche lui passato per il Csm e per due volte presidente dell'Anm nei primi anni Novanta. Bene, nel nostro mondo c'è una regola non scritta secondo cui un leader storico di una corrente viene accontentato nelle sue richieste quando torna pienamente operativo. Catania sarebbe stata un giusto riconoscimento per Gennaro, anche perché quella procura è un feudo di Unicost. Sembra non esserci partita e siamo tutti tranquilli, tanto che Salvi fa domanda per approdare a Milano. Ma ecco, alla vigilia della nomina, il colpo di scena, con un tempismo millimetrico arriva il cecchino che ribalta il tavolo: escono delle foto di Gennaro con un tizio, tale Carmelo Rizzo – dal quale aveva comprato casa – finito in odor di mafia. È fregato. Salvi ritira la domanda per Milano e si candida per Catania. Dove approda, tra lo stupore di tutti, grazie ai voti della corrente di destra, Magistratura indipendente di Cosimo Ferri, e per la soddisfazione pubblica di due importanti figure, del mondo politico catanese.

E per quanto riguarda Davigo, «autopromozione» anche la sua?
Cerchiamo di capirci, e per farlo bisogna immergersi in una vicenda chiave della parte terminale di questa storia. C'è un mio collega alla procura di Roma, Stefano Fava, uscito dal mio stesso concorso, un ragazzo nato e cresciuto

nel paese calabro accanto a quello di mio padre, Santo Stefano d'Aspromonte. In procura ha una nomea da duro, da integerrimo, voi giornalisti direste da «manettaro». Quando, finita la mia esperienza al Csm, rientro in procura, lo rincontro e lui, casi della vita, in quel momento è, insieme al procuratore Pignatone e al sostituto Paolo Ielo, sull'inchiesta che riguarda Centofanti e l'avvocato faccendiere dell'Eni Piero Amara, l'intrigo in cui, senza successo, tenteranno di tirare dentro anche me. Mi confida un suo problema che riassumo così: lui vorrebbe andare più a fondo e allargare l'indagine, ma è stoppato sia da Pignatone sia da Ielo. E ha il sospetto che ciò avvenga per un conflitto di interessi, in quanto sia il fratello di Ielo sia quello di Pignatone hanno in qualche modo avuto a che fare con l'Eni da cui avevano ottenuti incarichi ben remunerati. E per questo viene emarginato e osteggiato, di fatto gli tolgono l'indagine. Lui mi chiede consiglio su come muoversi e mi dice di essere intenzionato a fare un esposto al Csm.

Perfetto, ma cosa c'entra Davigo?

Per la sua fama di procuratore integerrimo, Fava viene avvicinato da Davigo e dal suo braccio destro Sebastiano Ardita, componente del Csm, che stanno mettendo su una loro corrente, Autonomia e Indipendenza, che si presenterà per la prima volta alle elezioni per il Csm del 2018. Ma su questo è meglio fare parlare lo stesso Fava. Ecco che cosa ha raccontato in un verbale di «informazioni sommarie» ai miei avvocati il 6 novembre 2019: «Conosco il dottor Ardita dal 2017, in quanto mi propose di entrare nella sua corrente per le elezioni del 2020 dell'Associazione nazionale magistrati. Ho avuto più incontri con lui, con il collega Amelio e con il dottor Davigo, sia al ristorante Sicilia in Bocca sia al Baccanale al 59, dove nei primi di marzo del 2019, Davigo ha giudicato le mie rimostranze per il conflitto di interessi di Pignatone e Ielo di indubbia rilevanza che merita approfondimenti da parte del Csm».

Quindi Fava l'esposto contro Pignatone e Ielo, il vertice della procura di Roma, alla fine lo fa?
Ha la data del 27 marzo 2019. E a quel punto l'atteggiamento di Davigo e Ardita, che pure lo avevano spinto su quella strada, cambia. Lo racconta Fava nella stessa deposizione spontanea: «Ardita ritiene, e me lo comunica, che non fosse più opportuno sentirci e vederci e che se avessi avuto qualcosa da comunicare avrei dovuto farlo attraverso il collega Amelio».

Non è esattamente un atteggiamento coerente.
Non solo, c'è di più. Concludiamo il racconto messo a verbale da Fava: «Il 3 giugno 2019, giorno antecedente il mio interrogatorio» si legge «davanti ai colleghi di Perugia, in quanto coinvolto nelle chat di Palamara, il collega Amelio mi convoca nel suo ufficio, dal suo cellulare chiama Ardita che mi chiede quale sarebbe stata la mia linea difensiva. Si diceva preoccupato che se io avessi detto certe cose dei nostri colloqui lui avrebbe dovuto dimettersi dal Csm».

Il collega Amelio, interrogato su questo fatto dalla procura di Perugia il 2 luglio del 2020, conferma i rapporti con Fava e con Ardita ma sostiene, senza smentire, di «non ricordare» la telefonata tra Fava e Ardita avvenuta nel suo ufficio.

Strana amnesia, una cosa o è successa o non è successa.
   Questo sarà compito della magistratura accertarlo e sono sicuro che ciò avverrà. L'avvenuta conferma che Davigo fosse a conoscenza dell'esposto Fava e la triangolazione telefonica tra un membro del Csm e due magistrati della procura di Roma, di cui uno indagato a Perugia, impongono di non lesinare alcuno sforzo per comprendere quello che è realmente accaduto, così come avviene per i comuni mortali che in circostanze simili vengono indagati per reticenza.

Chiaro, ma cos'ha a che fare questo con le «autopromozioni» di cui stavamo parlando?
   Non sto andando fuori tema. È per dire che anche gli uomini di Davigo, quelli della corrente dura e pura che fa la morale a tutti, quando entrano nel «Sistema» si devono adeguare alla legge della giungla, sulle nomine e non solo su quelle.

Però da quelle parti non c'è traccia di Hotel Champagne.
   Non confondiamo la forma con la sostanza. Nel caso della notte dell'Hotel Champagne, l'accusa è che Lotti ci convinse, me e Ferri, a nominare Marcello Viola procura-

tore di Roma. Ma anche Davigo, che a quel tavolo non c'era, due settimane dopo, il 23 maggio 2019, votò per Viola, insieme ai consiglieri Basile, Gigliotti e Lepre, nella seduta preliminare per gli incarichi direttivi del Csm. Pure Davigo fu condizionato da Lotti e da me? Non credo proprio, anzi semmai l'inverso. Io andai su quel nome anche perché, proprio tramite Fava, sapevo che Davigo avrebbe appoggiato Viola, che era oggettivamente il migliore candidato. E oggi, con un coraggio fuori dal comune, questa ricostruzione la conferma anche il consigliere Ardita, con le dichiarazioni rese il 3 novembre del 2020 alla procura di Perugia. Il fatto che abbiano usato me e Lotti per bruciarlo è una prova del fatto che non è vero che alla fine la «giustizia trionfa»; trionfa il «Sistema», che in quel momento e sulla pratica, per via di nuovi equilibri politici, aveva deciso di prendere un'altra strada. Semmai con Davigo avevo un conto aperto fin dal 2018.

Quale?
Si trattava di eleggere il presidente aggiunto della Corte di Cassazione, una sorta di numero due della magistratura italiana. È una nomina importante, siamo nel gennaio del 2018. La mia corrente Unicost appoggia il candidato di Magistratura democratica Domenico Carcano, al quale avevamo fatto dei torti in precedenza. Piercamillo Davigo, forte della sua fama, si candida sfidando le correnti. Io parlo con un suo uomo e mio collega al Csm, Aldo Morgigni. Gli dico: ritirate la candidatura, non mandatelo al massacro,

sarà anche Davigo ma noi abbiamo deciso diversamente. Niente da fare, Davigo a quel posto ci tiene troppo. La votazione finisce 18 a 1 per Carcano, il grande pm di Mani pulite esce umiliato dalla contesa. Nessuno mi toglie dalla testa che quello sia stato uno dei motivi che hanno contribuito alla mia fine.

Può anche essere la prova che Davigo sia fuori dai giochi tra le correnti.

Vero, e in quel momento lo era davvero. Il legame con Morgigni mi portò ad avere interesse e curiosità per la nuova corrente che nel 2016 Davigo stava creando. Morgigni organizzò un pranzo a tre con me, lui e Davigo che si svolse in una trattoria ubicata nei pressi del Csm e da noi soprannominata «Lo Zozzone» perché molto ruspante. Ci fu tra noi massima cordialità, il discorso di fondo era se fosse possibile trovare un'alternativa alla corrente di destra di Ferri, ma anche all'ala più moderata di quella di sinistra, Area. Ebbi subito l'impressione che Davigo, a differenza di Morgigni, fosse estraneo alle logiche e ai meccanismi correntizi, ma credo che di lì a poco, eletto presidente dell'Anm, andò a sbatterci contro. Nel 2018 mi invitò come relatore alla presentazione di un suo libro. All'uscita gli diedi un passaggio in macchina perché pioveva e lui era a piedi: «Non siamo a Milano dove passano i bus» mi disse con tono ironico. E in macchina non fece nessun accenno alla mia vicenda giudiziaria, ancora sottotraccia, ma di cui lui sicuramente sapeva.

La mattanza
Primo, ripulire la scena del delitto

Il 30 maggio del 2019 avviene la perquisizione della sua abitazione e tra le altre cose le viene sequestrato il telefonino. Quando si scopre di essere stati intercettati c'è sempre un po' di apprensione, perché non si sa mai che cosa possa saltare fuori.

Io sapevo che sul mio telefonino si trovavano tantissimi scambi sensibili dentro chat, messaggi, e-mail che riguardavano il mondo della magistratura, della politica e delle istituzioni. Ciclicamente, seguendo gli sviluppi della tecnologia, cambiavo il telefonino, a differenza di tanti colleghi che mantenevano in uso i vecchi modelli, quelli, per intenderci, senza Internet, macchina fotografica, microfoni e diavolerie varie, ma non ho mai cambiato il mio unico numero di telefono proprio per non dare adito a sospetti. Avendo la necessità di essere informato in tempo reale, non potevo permettermi quell'ovvia cautela, né ho mai pensato di avere un telefono alternativo, anche perché non ho mai avuto sentore che quello che facevo – dagli interessamenti alle raccomandazioni – potesse avere risvolti penali da tenere nascosti; e, ogni sera, non avevo tempo e voglia di cancellare messaggi ed e-mail. A ogni cambio di telefono inevitabilmente si perde qualche cosa del contenuto, su quello sequestrato si parte da marzo 2017 ma, e non lo dico per creare nuove apprensioni, spero di recuperare quello precedente, che al momento non trovo.

Sta dicendo che la storia potrebbe anche non finire qui?
Questa storia non finirà mai: un sistema vinto sta per essere sostituito da un altro sistema, ma senza una riforma radicale della giustizia i metodi rimarranno gli stessi.

Parla lei, che per vent'anni si è opposto a qualsiasi tipo di riforma.
E così farà chi prenderà il mio posto, non prima, ovviamente, di aver spazzato via qualsiasi traccia di chi l'ha preceduto e generato. La scena del delitto va ripulita se si vuole provare a farla franca.

Lei, per esempio, il 16 dicembre 2020, ha ricevuto dalla procura di Perugia l'avviso di conclusione indagine per violazione del segreto istruttorio e fuga di notizie, insieme al suo collega Stefano Fava e all'ex procuratore generale della Cassazione Riccardo Fuzio. La vicenda riguarda l'esposto presentato da Fava, di cui abbiamo già parlato, contro il procuratore di Roma Pignatone e il suo vice Ielo per presunti conflitti di interessi nell'inchiesta sui faccendieri Amara e Centofanti; esposto che avrebbe dovuto rimanere segreto, ma che fu reso pubblico contemporaneamente, il 29 maggio 2019, dal «Fatto Quotidiano» e dalla «Verità».
È un'accusa assurda e mi difenderò in tribunale. Peraltro

La mattanza

solo dopo il mio interrogatorio a Perugia ho avuto modo di ricontrollare una chat del 23 maggio 2019 tra me e Cesare Sirignano, nella quale, commentando l'esito della votazione alla procura di Roma, affermo: «A breve uscirà la verità». Mi riferisco ovviamente alla verità storica dei fatti, perché chiunque conosca un po' di giornali sa che quelle testate hanno fonti ben diverse tra loro e da me. Quello stesso giorno, coincidenza sospetta, «la Repubblica» e il «Corriere della Sera» davano notizia di una fuga di notizie sull'inchiesta contro di me, e non mi risulta che al momento si stia indagando con altrettanta foga. La cosa non mi stupisce: qualcuno ha mai pagato per la fuga di notizie avvenuta nel 1994 sull'invito a comparire a Berlusconi premier, all'interno della procura di Milano guidata da Borrelli, Di Pietro e Davigo, che pure cambiò il corso della politica? E per quelle successive che hanno riguardato il Cavaliere? Come presidente dell'Anm prima e consigliere del Csm poi, non ho mai detto una parola contro i colleghi le cui inchieste sono state al centro di clamorose fughe di notizie che hanno pilotato l'attacco giudiziario e mediatico della magistratura a un sistema politico avverso, da Berlusconi a Renzi fino a Salvini. E mi chiedo: ci saranno indagini a trecentosessanta gradi sulle fughe di notizie e sulle rivelazioni di segreti di ufficio che hanno riguardato la mia persona?

No, non è mai avvenuto che qualcuno di voi sia stato inquisito per fughe di notizie su inchieste politiche. Lo dico perché ho vissuto quei momenti in prima persona, e a volte in diretta.

La mia esperienza mi porta a ritenere che la fuga di notizie sia una delle tante armi usate dal «Sistema», l'hanno applicata senza conseguenze anche su di me non appena sono diventato scomodo. Si ricordi, da De Magistris alla Forleo fino a Ingroia, i magistrati vengono messi nel mirino solo se sfidano il «Sistema», altrimenti hanno mano libera, coperti da un'immunità di gregge. Io non credo alla favola che gli atti giudiziari escano perché a conoscenza degli avvocati difensori. No, c'è un momento in cui certi atti li hanno solo i pubblici ministeri e la polizia giudiziaria, e non c'è mai stata una seria attività d'indagine sulla procura da cui è partita una fuga di notizie. Questa volta la fanno? Bene, spero costituisca un precedente, ma non m'illudo né per il futuro né per fare chiarezza sul passato. Qual è il collega della porta accanto, a parte il mio caso, che, siccome siamo al «si salvi chi può», a un regolamento di conti interno alla magistratura, è disposto a scoperchiare il vaso di Pandora del suo ufficio? Glielo dico io, nessuno. Si può pure dire che si fa così perché è giusto che il pubblico debba sapere e i giornali pubblicare tutto in tempo reale, il metodo inaugurato con Tangentopoli di cui siamo ancora figli. C'è un interesse professionale o politico dei giornalisti a portare fuori una notizia? Sì, c'è. C'è un interesse del magistrato a fare uscire una certa notizia in modo da attirare attenzione sulla propria inchiesta, che coinvolge personaggi noti della politica, e non solo di quella, per trarne vantaggio e popolarità, e c'è qualcuno che proverà a usare questa notizia per altri fini,

La mattanza

nonostante nessun reato sia ancora stato accertato? Sì o no? Io dico di sì. In questi casi il processo penale viene inquinato e usato come una clava per eliminare l'avversario politico o ribaltare un sistema interno alla magistratura.

Lei sta disegnando un quadro che assomiglia più a una guerra tra bande che al luogo dove si amministra la giustizia. Per questo, fare un po' di pulizia ogni tanto potrebbe essere cosa buona.

Se parliamo della cupola del «Sistema», che non è e non rappresenta tutto il sistema giudiziario, la risposta è sì; come tutte le cupole, vive e si muove in un perenne stato di guerra, e in guerra non si va per il sottile. Lo dico oggi che non ho più il cappello di magistrato, con il quale dicevo che è tutto regolare. È un meccanismo che travolge, io ne sono stato parte ma alla fine ha travolto anche me. La magistratura è una bolla impenetrabile, ma all'interno ci sono le stesse dinamiche a volte opache e gli stessi vizi del mondo esterno, nessuno escluso.

Me ne dica almeno uno. Parlo dei vizi.

Siamo in una stagione in cui c'è grande attenzione, anche giudiziaria, alla sfera privata e al rispetto delle donne, in sintesi alla lotta a qualunque forma di sessismo. Ebbene, a me è capitato spesso di raccogliere confidenze di colleghe, cancelliere, avvocate e pure giornaliste – ma anche di colleghi, perché l'omosessualità non è più un tabù neppure nelle aule dei tribunali – riguardo a fatti spiacevoli, avances anche spinte ricevute da magistrati in posizioni apicali. In questi casi ho sempre cercato di sminuirne la portata, non perché ne sottovalutassi la gravità, ma per tutelare il buon nome della categoria. Non ho mai denunciato, mi sono limitato a dare consigli di buon senso, come quelli di evitare di trovarsi da sole in determinate stanze e rifiutare inviti a cena. Ma queste cose a volte sfuggono di mano, e allora sono guai, com'è successo nella vicenda tra la procuratrice della direzione antimafia di Palermo, Alessia Sinatra, e Giuseppe Creazzo, il procuratore di Firenze che è stato in corsa per prendere il posto di Pignatone a Roma.

Risulta dalle sue chat. Sinatra sosteneva con lei di essere stata molestata da Creazzo, e per questo è stata poi ascoltata dai colleghi romani. Il procuratore generale Salvi ha fatto un atto di contestazione nei suoi confronti, che è già una sentenza: «Comportamento gravemente scorretto nei confronti di Creazzo», dando per scontato ancora prima di un processo che la signora si sia inventata tutto. Come sono andate le cose?

Allo stato attuale io non so dire chi tra i due sia stato scorretto. Io posso dire che Alessia Sinatra già da tempo mi aveva confidato, con una ricchezza di particolari tale che è difficile pensare che se lo sia inventato, di aver subito pesanti avances da Creazzo nel corridoio di un albergo di Roma, l'Hotel Isa in via Cicerone, dove i due nel dicembre del 2015 si trovavano per un convegno. Lo stesso racconto la magistrata lo ha ripetuto davanti ad altre persone, con me presente, in occasione di una sua venuta a Roma. E quando Creazzo si candida alla procura di Roma, lei mi manda una serie di messaggini, tra i quali: «Giurami che il porco cade subito», «Il porco ha parlato con te?», minacciando di porre ufficialmente il problema se Creazzo fosse stato promosso.

Per molto meno in altri ambiti, pensiamo al mondo dello spettacolo e delle aziende private, su fatti simili sono scattate inchieste giudiziarie e campagne mediatiche.

Nella magistratura non funziona così. Io stesso, devo ammetterlo, non ho denunciato né spinto la collega a farlo, in quel momento ancora dovevo difendere il «Sistema». Una cosa però, dopo le pressioni della Sinatra, mi è chiara: Creazzo è bruciato, non si può puntare su un nuovo procuratore di Roma che, a torto o a ragione, se nominato sarebbe stato coinvolto, cosa che io sapevo con certezza, in una vicenda di molestie. Per questo, non perché lo chiedeva Luca Lotti, sulla successione a Pignatone mi schierai a favore di Viola e non di Creazzo, con il quale in verità mi sono incontrato riservatamente.

Creazzo, titolare delle indagini sui genitori di Renzi, ha chiesto il suo aiuto per passare dalla procura di Firenze a quella di Roma?

E immagino che ben sapesse due cose: dei miei ottimi rapporti con Luca Lotti, e del fatto che io fossi sotto indagine della procura di Perugia. L'8 febbraio 2019 – c'è uno scambio di messaggi in tal senso sul mio telefonino – su sua richiesta mi incontro con lui al ristorante Da Mimmo nel centro di Firenze. Mi parla della sua intenzione di candidarsi per la procura di Roma lasciata libera da Pignatone. Io, sapendo della storia delle molestie, mi tengo sul vago, gli spiego che il suo problema non sono io ma la corrente di sinistra Area, che non lo vede di buon occhio. Gli dico anche che mi risulta che il suo nome sia sostenuto dal ministro Bonafede, lui nega di averlo incontrato.

Dell'inchiesta sui genitori di Renzi non parlate?
Ne parliamo durante la passeggiata tra il ristorante e la stazione ferroviaria. Gli dico che per quello che mi riguarda le sue indagini sui genitori di Renzi, se condotte con buon senso ed equilibrio, non sono un ostacolo insormontabile per avere il mio consenso alla nomina. Ma dal tono imbarazzato della sua risposta, falsamente tranquillizzante, capisco che non mi ascolterà, che ormai su quella vicenda il suo ufficio si era spinto molto avanti.

Una settimana dopo il vostro incontro, il 18 febbraio, Creazzo e il suo braccio destro Luca Turco firmano la richiesta di arresti domiciliari per Tiziano Renzi e sua moglie Laura Bovoli.
Lo apprendo da una telefonata che mi raggiunge allo stadio Olimpico, si giocava Roma-Bologna. È la prova che tra me e lui – a differenza di quanto qualcuno ipotizzava in quei giorni – non c'è stato nessun patto indicibile, niente scambi di favori.

Quel «qualcuno» potrebbe sostenere che lei, mandato in avanscoperta da Lotti, abbia provato a fermare o ammorbidire quell'inchiesta sui coniugi Renzi, ma che le sia andata buca. Dall'esame delle mie chat risulta in modo inequivocabile che sia Creazzo a cercare insistentemente me, non l'inverso. Se qualcuno stava cercando un favore, questo era lui, non io.

Per la procura di Roma, oltre a Viola e Creazzo, c'è un terzo candidato, Francesco Lo Voi, in quel momento procuratore di Palermo. Perché, bruciato Creazzo, andare su Viola e non su di lui?
Anche Lo Voi, a mio avviso, era un candidato a rischio cecchino. Non so da chi lo abbia potuto apprendere, ma a Roma c'era chi era pronto a tirare fuori la storia dell'incontro tra Pignatone e il giudice del Consiglio di Stato Virgilio, di poco precedente alla bocciatura del ricorso di Guido Lo Forte contro la nomina di Francesco Lo Voi alla procura di Palermo. Io ritenni che questa situazione avrebbe potuto sensibilmente indebolire la figura di Lo Voi all'interno della procura di Roma e renderlo in qualche modo ostaggio di chi era a conoscenza di questo incontro. Era un rischio da non correre.

La spada e la benda
Fine dei giochi

L'8 ottobre 2020, davanti alla commissione disciplinare del Csm, l'avvocato generale della Cassazione, Pietro Gaeta, chiede la sua espulsione dalla magistratura per fatti di «elevatissima gravità», in quanto «sceneggiatore e regista della strategia» per arrivare alle nomine dei vertici delle procure di Roma e Perugia. Lei, per Gaeta, non è un «pericolo astratto», ma un «pericolo concreto».

Pensi com'è strana la vita. Pietro Gaeta è il figlio di Giuliano Gaeta, il magistrato che nel 1988 tenne l'orazione funebre ai funerali di mio padre Rocco. Un crudele e bizzarro incrocio di destini tra due generazioni e due famiglie. Pietro Gaeta, inoltre, anche per il tramite della collega Pina Casella, non aveva mancato di cercare il mio appoggio in occasione della sua nomina ad avvocato generale dello Stato e per superare una situazione di incompatibilità che si era creata a Reggio Calabria tra la sorella Rosalia Gaeta e il presidente della Corte d'Appello Luciano Gerardis. Per sostenere la sua tesi, Gaeta cita diverse intercettazioni che mi riguardano, compresa quella in cui dico: «Senza di me non si muoverebbe foglia». Ma ne dimentica una a mio avviso fondamentale.

Quale?
Quella in cui Luca Lotti, quello stesso giorno, mi dice: «Sergio mi dice di andare avanti». Si riferisce alla nomina di Viola a procuratore di Roma.

Quel Sergio è il presidente della Repubblica Mattarella?
Sì, proprio lui. Non posso escludere che Lotti millanti rapporti che nella realtà non ci sono, anche se fino a ora nessuno ha indagato sulla questione. C'è un processo in corso che mi vede imputato, posso solo confermare che la voce è la sua, non la mia. Mettiamola pure così: non è vero che Lotti sia così in confidenza con il presidente, che lo senta spesso. Eppure è verosimile, direi sicuro, che sia in contatto con qualcuno al Quirinale che gli spaccia proprie indicazioni e propri desideri per quelli del presidente. Conoscendo quel mondo, avendolo addirittura frequentato ai tempi di Giorgio Napolitano, la cosa non mi stupirebbe, ci sta tutta. Quindi io in quel momento so, vero o falso che sia il rapporto millantato da Lotti nei confronti di Mattarella, che al Quirinale condividono la mia scelta, e so per certo che anche Davigo, con la sua corrente, approva l'idea di andare su Viola, cosa che poi farà nella votazione preliminare in commissione nomine del Csm. Io sarò anche il regista, come dice Pietro Gaeta, ma gli interpreti sono di primissimo livello, direi degni di un premio Oscar. So per certo che Lotti avesse un rapporto diretto e costante con un altro consigliere del presidente Mattarella, Francesco Garofani. Io d'altra parte, non avendo feeling

con Erbani e avendo perso i miei rapporti sia con Astori sia con Guerrini, con quest'ultimo a causa di un sms da lui inviato a una comune amica in occasione di una visita del presidente della Repubblica a Locri, avevo necessità di capire e sondare gli umori del Quirinale.

Non giriamo attorno alla questione. Lotti aveva un problema con un'inchiesta a Roma, lei con una a Perugia. Scegliere i nuovi vertici delle due procure qualche problema di conflitto di interessi lo crea.

Non lo nego, ma la tesi secondo cui io solo volessi Viola a Roma per salvare Lotti e Renzi padre dal processo Consip non sta in piedi già di suo per motivi tecnici – l'inchiesta era già ben incardinata – ancora prima che politici, e a maggior ragione è improponibile visti gli sponsor di alto profilo di cui godeva Viola. Pertanto, la soluzione di questo giallo sta nella risposta a una domanda semplice: chi e perché non voleva che Viola diventasse procuratore di Roma?

Immagino che lei ne abbia una.

Non lo voleva, certamente, la corrente di sinistra. Non lo volevano diversi colleghi della procura di Roma, come mi riferì il 7 maggio il giornalista Giovanni Bianconi del «Corriere della Sera» in una conversazione anch'essa registrata dal trojan, alle 16:27 per essere precisi. Non lo voleva il procuratore uscente Pignatone? Io so che a capo dell'operazione trojan su di me c'è il colonnello Gerardo Mastrodomenico, capo del Gico – il reparto specializzato della

Guardia di Finanza –, uomo di fiducia di Pignatone che l'aveva portato con sé a Roma da Reggio Calabria. Interrogato dal Csm, Mastrodomenico sostiene di aver semplicemente eseguito gli ordini e non sa spiegare alcuni buchi nelle registrazioni delle mie conversazioni, tra cui quelli che avrebbero potuto compromettere Pignatone. Continuerò a difendermi nel processo e ho rispetto per i pubblici ministeri di Perugia, ma sono convinto che altri hanno usato me per stoppare una nomina che altrimenti non avrebbero avuto la forza di fermare in altro modo.

Chiunque sia stato, lei ha servito loro l'occasione su un piatto d'argento. Quella cena con Lotti è stato un peccato di presunzione. «La presunzione può condurre all'autodistruzione» dicevano i saggi dell'antica Grecia già duemilaseicento anni fa.

Devo essere sincero, a un certo punto mi sono assuefatto al potere: ero richiesto dalle televisioni, dalla stampa e come arrivavo a un convegno tutti i giornalisti e i colleghi venivano da me a chiedermi qualche cosa. Ho fatto parte di un'oligarchia giudiziaria, e ogni oligarca ha i suoi riferimenti nel mondo istituzionale e politico. C'è un'interlocuzione esterna, è chiaro che il mondo della politica sa chi sono i leader dell'associazionismo giudiziario: in questi ultimi anni siamo stati io, Cosimo Ferri, Edmondo Bruti Liberati, Nello Rossi, Piergiorgio Morosini, Giuseppe Cascini, Piercamillo Davigo, Claudio Galoppi, Aldo Morgigni, Pina Casella e altri ancora. A questi si sono sempre contrapposte quelle voci contrarie, penso a Bruno Tinti, Felice Lima, Nicola Saracino, Andrea Reale, che seppur minoritarie hanno da sempre compreso che il sistema non funzionava, proponendo il sorteggio per l'elezione al Csm. Insomma, non è che l'espressione «signori delle correnti» sia stata coniata a caso. Esistono, punto. Hanno un nome, un cognome e una faccia. I signori delle correnti parlano tra di loro e cercano di trovare una sintesi, esattamente come accade nel teatrino della politica, dentro un partito e tra i partiti che difendono il il sistema. Qualche anno fa è scoppiato un caso perché Francesco Vigorito ha inviato per errore alla mailing list dei magistrati una e-mail in cui spiegava al suo interlocutore perché era bene nominare per un posto direttivo una giovane collega napoletana di Area. Questo solo per farle un esempio di quanto fosse consuetudinario trattare sulle nomine indicando il nome di un magistrato in relazione alla corrente di appartenenza. Non mi risulta che qualcuno abbia scoperto un modo diverso per gestire problemi complessi, allo stesso tempo nobili e inquinati da debolezze e miserie umane.

Miseria e nobiltà a parte, resta difficilmente comprensibile l'idea di fare entrare direttamente e fisicamente Lotti nel gioco delle nomine.

Le ripeto. Dal 2007 per me è stato assolutamente fisiologico parlare con i rappresentanti della politica e Lotti era uno di questi: attraverso di lui cercavo di comprendere la posizione del vicepresidente Ermini, a lui vicino, e soprattutto gli umori del Quirinale con cui lui diceva di avere un canale sempre aperto sulla falsariga del rapporto che io avevo avuto con Loris D'Ambrosio e che dalla sua morte mi è sempre mancato. Il gioco poi lo avrebbero fatto come sempre solo le correnti. Della futura nomina del procuratore di Roma in quel periodo parlo con tutti, nessuno escluso: ne parlo con Lotti, ne parlo con Zingaretti, ma mi rendo conto che il Pd in quel momento non conta nulla ed è allo sbando; tornerà in pista solo a settembre, dopo lo strappo di Salvini e la crisi post Papeete. E poi, non ho alcuna difficoltà ad ammetterlo, ho sempre pensato a tutti tranne che a me stesso: ma ero arrivato a un punto in cui, conoscendo le regole del gioco, mi era chiaro che una parte della stampa sarebbe stata utilizzata come grancassa per demolirmi, come poi effettivamente è avvenuto, tanto che ora pende una denuncia a Firenze per comprendere chi e come abbia veicolato le notizie riservate nei miei confronti. Questo mi ha indotto a valutare la possibilità di alternative professionali o politiche per una via di uscita personale da una situazione che si era fatta pesante.

Con il senno di poi pensa di avere sbagliato cavallo?

Con il senno di poi ho fatto un azzardo: smarcarmi definitivamente da quella sinistra ideologica antirenziana con la quale avevo condiviso la lottizzazione della magistratura negli ultimi dodici anni, oltre che la gestione politica della giustizia. Ma il punto vero è che da un paio d'anni io e il renziano Ferri, come si è visto in queste pagine, avevamo

La spada e la benda

stretto un patto tra la mia corrente di Unicost e la sua di Magistratura indipendente per tagliare fuori dalle nomine tutte le altre, in particolare quella di Magistratura democratica. Andando avanti così avremmo monopolizzato l'intera magistratura, e per questo occorreva fermarci.

Fermato e processato. Che effetto fa stare dall'altra parte della barricata? Si fida della giustizia che lei ha contribuito a modellare?

Le racconto questo aneddoto. Quando nel 1996 entrai in magistratura, una delle prime persone che incrociai alla procura di Roma fu Vincenzo Roselli, il pm diventato molto noto nel 1980 con l'inchiesta sul calcioscommesse che portò all'arresto di tredici grandi giocatori e a decine di indagati, tra i quali Paolo Rossi. Avevo stretto con lui un bel rapporto e un giorno mi confidò che un'operazione così non l'avrebbe rifatta, che non c'era motivo di arrestare calciatori negli spogliatoi alla fine della partita, senza neppure dare loro il tempo di fare la doccia. La cosa mi fece riflettere. Cosa sto cercando di dire? Che la dea bendata è il simbolo della giustizia, ma lo è anche della fortuna. La spada che, insieme alla bilancia, tiene nelle mani può essere brandita a ragion veduta, ma anche manovrata a casaccio o assecondando i capricci di chi la impugna. Tutto dipende dal senso che si dà alla benda: la dea non guarda in faccia a nessuno, e quindi è giusta, impermeabile a ogni condizionamento, oppure non è in grado di vedere la verità, e perciò è ingiusta? La risposta corretta ovviamente è la prima. Ma la dea bendata, in quanto dea, non appartiene al genere umano, chiamato a svolgerne le mansioni sulla terra. È un ideale a cui tendere, e di cui temere l'ira. A volte si riesce a essere giusti, altre meno, e questo è vero sia quando ti trovi seduto sul banco della corte sia quando siedi a quello dell'imputato. Ecco cos'è in realtà la giustizia, e in questa io non posso che credere.

Epilogo
La fine o l'inizio?

Il 9 ottobre 2020 il Csm radia Luca Palamara dalla magistratura. Nei mesi precedenti si erano prima autosospesi e poi dimessi dal Csm i cinque consiglieri togati presenti alla cena dell'Hotel Champagne, Corrado Cartoni, Paolo Criscuoli e Antonio Lepre di Magistratura indipendente; Gianluigi Morlini e Luigi Spina di Unità per la Costituzione, e lo stesso farà un sesto consigliere compromesso da alcune intercettazioni, Marco Mancinetti di Unicost. In totale sono 27 i magistrati coinvolti a vario titolo nelle chat di Palamara contro cui è stata avviata un'azione disciplinare. Il 3 luglio 2019 Riccardo Fuzio, procuratore generale di Cassazione – il magistrato più alto in carica – sale al Quirinale per annunciare a Sergio Mattarella le sue dimissioni e concordare l'uscita di scena per pensionamento anticipato. Due giorni dopo riceverà dalla procura di Perugia un avviso di garanzia per aver rivelato segreti istruttori a Luca Palamara, sia sull'indagine che lo riguarda sia sulla guerra degli esposti tra colleghi della procura di Roma.

Il 15 novembre 2019 un plenum straordinario del Csm presieduto da Mattarella elegge, non senza divisioni e grazie ai voti della sinistra tornata maggioranza insieme alla corrente di Davigo e ai membri laici Cinque Stelle, Giovanni Salvi al posto di Fuzio. Sarà quindi Salvi, insieme al vicepresidente del Csm David Ermini – due nomi che in questa storia abbiamo visto più volte incrociarsi con alterne fortune nella stagione del «metodo Palamara» – a gestire la resa dei conti all'interno della magistratura.

Sul fronte giudiziario la procura di Perugia il 25 agosto 2020 ha chiesto il rinvio a giudizio di Luca Palamara per concorso in corruzione insieme ad Adele Attisani, all'imprenditore Fabrizio Centofanti e all'agente di viaggio Giancarlo Manfredonia, il quale avrebbe fornito alla Guardia di Finanza false documentazioni su quattro viaggi fatti da Palamara e dalla Attisani a Londra, Dubai, Ibiza e Madrid. Viaggi pagati da Centofanti con intenti corruttivi secondo l'accusa, regolari per Palamara. A Perugia, dal 17 giugno 2020, come procuratore c'è Raffaele Cantone. Ha preso il posto di Luigi De Ficchy, diventando quindi «capo» delle indagini su Palamara e sui magistrati romani impigliati nella sua rete. Dopo essersi occupato a lungo di criminalità organizzata (è stato protagonista delle indagini sulla camorra dei Casalesi), nel 2014 Cantone fu scelto da Matteo Renzi come presidente della neonata Autorità nazionale anticorruzione, e sempre con Renzi nel 2016 volò in America per partecipare alla Casa Bianca alla cena di addio di Barack Obama. Sulla sua elezione il Csm si è spaccato: Cantone ce l'ha fatta solo grazie al voto di una parte dei togati di sinistra e – cosa rara – di tutti i consiglieri laici del Csm eletti dal Parlamento in rappresentanza di Cinque Stelle, Pd, Lega e Forza Italia. Una nomina contrastata e definita «inopportuna» per motivi politici da un'altra star della magistratura, Nino Di Matteo. Durissime le sue parole: «Cantone è stato indicato anche come possibile premier», è «inopportuno che vada a dirigere una procura che si occupa di magistrati di Roma dove possono esserci ipotesi di reati commessi da politici o da ambienti di potere connessi dalla politica», e ancora: «non dubito della sua imparzialità, ma dobbiamo valutare anche l'apparenza e la trasparenza». La nomina di Cantone è anche contestata con un ricorso al Tar sia dallo sconfitto Luca Masini, procuratore aggiunto di Salerno che era sostenuto dalle correnti di Davigo e Ferri, sia dall'escluso dal ballottaggio, il

Epilogo

procuratore aggiunto di Reggio Calabria Gaetano Paci. Entrambi denunciano il mancato rispetto dei criteri oggettivi, i famosi curricula, che dovrebbero essere alla base di ogni promozione.

Sulla nomina di Cantone, ma anche sulla discussa decadenza di Davigo dal Csm, avvenuta guarda caso alla vigilia della cacciata di Palamara, si è pure spaccata la sinistra giudiziaria: alla vigilia di Natale, 25 magistrati hanno stracciato la tessera di Magistratura democratica.

Davanti ai magistrati di Perugia, ma anche ai colleghi della commissione disciplinare del Csm, sfilano presunti complici e presunte vittime del «Sistema» qui raccontato. Dai verbali emergono una quantità di «non ricordo» e di imbarazzati «non sapevo» e «non posso escludere». Il 19 ottobre 2020, per esempio, Piercamillo Davigo, allora consigliere Csm e leader della corrente Autonomia e Indipendenza, rispondendo a Perugia alle domande di Cantone dice: «Non ricordo di cosa parlammo», riferendosi all'ultimo suo incontro con Palamara; «non posso spiegare completamente questa vicenda in quanto coperta in parte dal segreto», in merito al ruolo del suo braccio destro Ardita nei veleni della procura di Roma; «non posso escludere che si parlò di queste problematiche», riferito ancora al caso romano.

La dichiarata operazione trasparenza stenta insomma a decollare. Lo scontro tra le attuali prime donne della magistratura italiana, Di Matteo e Davigo da una parte e Cantone dall'altra, è un sintomo che il «Sistema» raccontato da Palamara ha cambiato pelle ma prova da una parte a resistere e limitare i danni della sua implosione, dall'altra a occupare il vuoto lasciato con la forzata uscita di scena degli storici signori delle tessere.

La stagione delle contrapposizioni, è evidente, continua anche nel dopo Palamara. Lasciamo che la cronaca faccia il suo corso: chissà quali altre sorprese riserverà. Quella che abbiamo raccontato è una prima storia, non definitiva né completa ma di certo inedita, di quanto è successo nella magistratura italiana negli ultimi vent'anni. Una storia scomoda che non può essere archiviata, dati i riflessi che ha avuto sulla vita politica e democratica del Paese, come una questione di quattro viaggi sospetti di Luca Palamara e di «impicci» interni alla magistratura. «Non c'è tirannia peggiore di quella esercitata all'ombra della legge e con i colori della giustizia», scriveva Montesquieu, filosofo della politica e del diritto, già trecento anni fa.

Appendice
Anm e Csm

Associazione nazionale magistrati
L'Anm è una libera associazione fondata a Milano il 13 giugno 1909 con il nome di Associazione generale fra i magistrati italiani, sciolta dai suoi membri nel dicembre 1925, a seguito del rifiuto di trasformarsi in un sindacato fascista, e rinata dopo la caduta del fascismo. Rappresenta, di fatto, tutta la magistratura professionale, perché ad essa aderisce più del 90% dei quasi 10.000 magistrati italiani. Come si legge nei suoi documenti ufficiali, «l'Anm tutela l'indipendenza e il prestigio della magistratura e partecipa al dibattito nella società per le riforme necessarie ad assicurare un migliore servizio giustizia». Il Comitato direttivo centrale, composto di 36 membri, è eletto ogni quattro anni con il metodo proporzionale.

Consiglio superiore della magistratura
Il Csm è il vertice organizzativo dell'ordine giudiziario. È un organo di rilievo costituzionale cui spetta il compito di garantire l'autonomia e l'indipendenza della magistratura ordinaria. La costituzione ha scelto di attribuire tutte le decisioni più significative sulla carriera e sullo status professionale dei magistrati a tale organo: le assunzioni, le assegnazioni e i trasferimenti, le promozioni e i provvedimenti disciplinari nei riguardi dei magistrati.

Il Consiglio superiore della magistratura è presieduto dal presidente della Repubblica. Ne fanno parte di diritto il primo presidente e il procuratore generale della Corte di cassazione. Gli altri componenti sono eletti per due terzi da tutti i magistrati ordinari tra gli appartenenti alle varie categorie, per un terzo dal Parlamento in seduta comune tra professori ordinari di università in materie giuridiche e avvocati dopo quindici anni di esercizio.

Il Consiglio elegge un vicepresidente fra i componenti designati dal Parlamento. I membri elettivi del Consiglio durano in carica quattro anni e non sono immediatamente rieleggibili. Non possono, finché sono in carica, essere iscritti negli albi professionali, né far parte del Parlamento o di un Consiglio regionale.

Il processo decisionale avviene a partire dalle commissioni, ciascuna composta da sei consiglieri (nove in tutto, più la commissione Bilancio composta da tre consiglieri). Sono le commissioni, e al loro interno le sottocommissioni, ad avanzare le proposte, ad esempio, per le nomine e le sanzioni che vengono in seguito esaminate e discusse dal plenum (ovvero da tutti i consiglieri riuniti, togati e laici). È il plenum del Consiglio superiore della magistratura a detenere quindi il potere deliberativo.

Nella Costituzione della Repubblica Italiana il Titolo IV della Parte seconda è dedicato alla magistratura. La Sezione I si occupa dell'ordine giurisdizionale, e questi sono gli articoli direttamente relativi al Consiglio superiore della magistratura.

Art. 101
La giustizia è amministrata in nome del popolo.
I giudici sono soggetti soltanto alla legge.

Art. 104
La magistratura costituisce un ordine autonomo e indipendente da ogni altro potere.

Il Consiglio superiore della magistratura è presieduto dal Presidente della Repubblica.
Ne fanno parte di diritto il primo presidente e il procuratore generale della Corte di cassazione.
Gli altri componenti sono eletti per due terzi da tutti i magistrati ordinari tra gli appartenenti alle varie categorie, e per un terzo dal Parlamento in seduta comune tra professori ordinari di università in materie giuridiche ed avvocati dopo quindici anni di esercizio.
Il Consiglio elegge un vice presidente fra i componenti designati dal Parlamento.
I membri elettivi del Consiglio durano in carica quattro anni e non sono immediatamente rieleggibili.
Non possono, finché sono in carica, essere iscritti negli albi professionali, né far parte del Parlamento o di un Consiglio regionale.

Art. 105
Spettano al Consiglio superiore della magistratura, secondo le norme dell'ordinamento giudiziario, le assunzioni, le assegnazioni ed i trasferimenti, le promozioni e i provvedimenti disciplinari nei riguardi dei magistrati.

Art. 106
Le nomine dei magistrati hanno luogo per concorso.
La legge sull'ordinamento giudiziario può ammettere la nomina, anche elettiva, di magistrati onorari per tutte le funzioni attribuite a giudici singoli.
Su designazione del Consiglio superiore della magistratura possono essere chiamati all'ufficio di consiglieri di cassazione, per meriti insigni, professori ordinari di università in materie giuridiche e avvocati che abbiano quindici

anni d'esercizio e siano iscritti negli albi speciali per le giurisdizioni superiori.

Art. 107

I magistrati sono inamovibili. Non possono essere dispensati o sospesi dal servizio né destinati ad altre sedi o funzioni se non in seguito a decisione del Consiglio superiore della magistratura, adottata o per i motivi e con le garanzie di difesa stabilite dall'ordinamento giudiziario o con il loro consenso.

Il Ministro della giustizia ha facoltà di promuovere l'azione disciplinare.

I magistrati si distinguono fra loro soltanto per diversità di funzioni.

Il pubblico ministero gode delle garanzie stabilite nei suoi riguardi dalle norme sull'ordinamento giudiziario.

Indice dei nomi

Abbate, Lirio 136
Adinolfi, Michele 191-192
Alberti Casellati, Maria
 Elisabetta 42, 152, 236
Alfano, Angelino 105, 111
Alfonso, Roberto 243-244
Alpa, Guido 41
Amadori, Giacomo 105
Amara, Piero 10, 160, 246, 254
Amelio, Erminio 247-248
Ançelotti, Carlo 87
Annunziata, Lucia 194
Aprile, Ercole 205-206, 209
Ardita, Sebastiano 37, 174, 246-249, 275
Ardituro, Antonello 158
Astori, Gianfranco 42, 267
Attisani, Adele 274
Auriemma, Paolo 98, 138, 218-220

Bachelet, Vittorio 32, 36
Baldi, Fulvio 175
Balducci, Paola 20, 108, 158, 195, 241
Balsamo, Antonio 107, 170
Barocci, Silvia 194
Basentini, Francesco 175, 178-179
Basile, Emanuele 249

Bene, Teresa 35
Benedetti, Alberto 41, 44
Berlusconi, Paolo 79
Berlusconi, Silvio 11-12, 39, 52, 58, 68, 70-74, 78-79, 81, 83, 85-92, 94-98, 103, 105-106, 108, 110-111, 113, 116-117, 121-122, 124-126, 167-168, 170, 177, 185-187, 189-190, 192, 194, 199, 201-205, 207-210, 218, 227-228, 231, 255
Berruti, Pino 69
Bersani, Pier Luigi 123, 127, 189
Bertinotti, Fausto 70
Bianconi, Giovanni 68, 267
Boccassini, Ilda 81, 96, 110, 229, 234-235
Boemi, Salvatore 52
Bonafede, Alfonso 41, 175-179, 260
Bongiorno, Giulia 128
Bonini, Carlo 57, 136
Borraccetti, Vittorio 57
Borsellino, Paolo 39
Boschi, Maria Elena 179, 187
Bova, Raoul 183
Bovoli, Laura 260
Bruti Liberati, Edmondo 57, 89, 108-109, 111-112, 201, 225, 227-233, 235, 268

281

Brutti, Massimo 34
Buzzi, Salvatore 136
Cafiero De Raho, Federico 142, 160-162, 172-173
Calafiore, Giuseppe 160
Calamandrei, Piero 22
Calvi, Guido 106-107
Cananzi, Francesco 133, 173
Cananzi, Raffaele 133
Canetti, Elias 39
Cantone, Raffaele 187, 274-275
Canzio, Giovanni 110
Capaldo, Giancarlo 125, 137-138
Carcano, Domenico 249-250
Cardinale, Salvatore 164
Carofiglio, Gianrico 107-108
Carrelli Palombi, Roberto 38
Cartoni, Corrado 273
Cascini, Giuseppe 37-39, 43, 56, 72, 75, 89, 92, 97, 98-99, 109, 121-122, 138, 140, 168, 195, 268
Casella, Pina 38, 265, 268-269
Caselli, Gian Carlo 57, 135, 153
Casini, Pierferdinando 32
Casola, Maria 174-176
Castelli, Roberto 71, 112, 228
Catalano, Filippo 203
Catanese, Antonio 52-53
Centofanti, Fabrizio 7, 23-27, 144-145, 160, 246, 254, 274
Cesqui, Elisabetta 42, 176
Chirico, Annalisa 187, 193
Ciambellini, Michele 125
Ciani, Gianfranco 158
Civinini, Giuliana 18
Clivio, Nicola 158, 217
Cofferati, Sergio 70
Colaiocco, Sergio 98-99
Colangelo, Giovanni 161
Consorte, Giovanni 79

Conte, Giuseppe 41, 215
Cordero di Montezemolo, Luca 127
Cortese, Renato 145
Cossiga, Francesco 76-78
Craxi, Bettino 50
Creazzo, Giuseppe 258-261
Criscuoli, Paolo 273

D'Addario, Patrizia 95-96, 105-106, 108
D'Alema, Massimo 79, 191
D'Alessandro, Simonetta 114
D'Ambrosio, Loris 72, 74, 89, 103-104, 109, 112, 121-124, 168-169, 270
Damilano, Marco 184
Davigo, Piercamillo 36-37, 39, 41, 45, 56, 171, 174, 239, 242, 245-250, 255, 266, 268, 273-275
De Benedetti, Carlo 116, 195, 209-210
De Bortoli, Ferruccio 230
De Caprio, Sergio (Capitano Ultimo) 183
De Cataldo, Giancarlo 136
De Felice, Susanna 107
De Ficchy, Luigi 26, 143-146, 160, 274
D'Elia, Nunzia 140
Delrio, Graziano 185
Del Sette, Tullio 192
Del Turco, Ottaviano 132
De Magistris, Luigi 67, 71-75, 77-78, 90, 97, 109, 256
De Marco, Bruno 222-223
De Mita, Ciriaco 17
Di Florio, Gianpiero 132
Di Grazia, Nicola 126
Diliberto, Oliviero 169

Indice dei nomi

Di Maio, Luigi 174
Di Matteo, Nino 56, 103, 156, 164-165, 170-179, 274-275
Di Pietro, Antonio 34, 50, 255
Duchini, Antonella 146

Erbani, Stefano 20, 42, 267
Ermini, David 15, 25, 36, 38-41, 43-45, 269, 273
Esposito, Antonio 77, 201-202, 204, 207
Esposito, Ferdinando 77, 207-208

Falcone, Giovanni 68, 104-105, 172
Fanfani, Amintore 49
Fanfani, Giuseppe 18, 21, 40
Fassino, Piero 79
Fava, Stefano 245-249, 254
Favi, Dolcino 72
Ferranti, Donatella 86
Ferrara, Giovanni 114-115, 137
Ferrara, Giuliano 141
Ferrarella, Luigi 90
Ferri, Cosimo 8, 15, 17-18, 37-41, 45, 56, 125, 222, 235, 245, 248, 250, 268, 270, 274
Ferri, Enrico 17
Fini, Gianfranco 101, 113-116
Fiorillo, Antonietta 18
Floris, Giovanni 12, 168, 184-185
Forleo, Clementina 67, 78-81, 97, 256
Formigoni, Roberto 227
Fracassi, Valerio 35, 42, 218, 244
Franceschini, Dario 85
Franco, Amedeo 202-206
Fuzio, Riccardo 20-22, 27, 44, 68, 153-155, 196-197, 218-219, 254, 273

Gaeta, Giuliano 53, 265
Gaeta, Pietro 152, 265-266
Gaeta, Rosalia 265
Galoppi, Claudio 40, 152, 216, 218, 235, 244, 268
Garofani, Francesco 266
Gay, Luigi 179
Gelmini, Mariastella 86
Gennaro, Giuseppe 245
Gentiloni, Paolo 8, 17, 151, 187
Gigliotti, Fulvio 40, 116, 249
Giletti, Massimo 175
Glinni, Paolo 203
Gozi, Sandro 71
Grasso, Pietro 127, 135
Gratteri, Nicola 142, 184-187, 189, 234
Greco, Anna Maria 11
Greco, Francesco 229, 234-237
Grillo, Beppe 176
Guerrini, Simone 42, 267
Guidi, Federica 179

Ielo, Paolo 137, 140, 193, 246-247, 254
Improta, Maurizio 146
Ingroia, Antonio 67, 103, 127, 156, 164-165, 167-171, 256
Iotti, Nilde 158

Lanzalone, Luca 176
Lanzi, Alessio 40, 43
Lari, Sergio 155, 164
Lario, Veronica 95
La Rosa, Anna 142
Latella, Maria 77
Latorre, Nicola 79
Laudati, Antonio 105-107
Laudi, Maurizio 80
Lauro, Giacomo 53
Legnini, Giovanni 19-22, 33,

35-36, 41-42, 68, 132, 139,
157-158, 188, 194-197,
216-218, 220, 230, 232, 241
Lepre, Antonio 249, 273
Letizia, Noemi 95
Letta, Enrico 17, 35, 131, 184,
187, 191-192
Letta, Gianni 42, 123, 128
Liguori, Rocco 163
Lillo, Marco 43, 193
Lima, Felice 107, 269
Livatino, Rosario 92
Lo Forte, Guido 153-156,
158-159, 261
Lombardo, Antonio 234
Lonardo, Sandra 75
Longo, Giancarlo 10
Lotti, Luca 8-9, 15-17, 33-35,
38-41, 45, 57-58, 161-162, 187,
189, 192, 195, 235, 248-249,
259, 261, 266-270
Lotti, Lucia 164
Lo Voi, Francesco 155-159, 261
Luciani, Massimo 38-39
Luerti, Simone 71, 89-91
Lupo, Ernesto 204-205

Maffei, Mariano 76
Mammone, Giovanni 20-21, 68
Mancinetti, Marco 273
Mancino, Nicola 103-104, 157,
168, 171
Manfredonia, Giancarlo 274
Manzo, Antonio 201
Marchetti, Piergaetano 230
Marini, Franco 33, 126
Marino, Ignazio 139
Maroni, Roberto 231
Marrapodi, Pietro 53
Marroni, Luigi 193
Martina, Maurizio 38

Masini, Luca 274
Mastella, Clemente 11, 70-73,
75-76, 78, 85, 109
Mastrodomenico, Gerardo
267-268
Matera, Marcello 55, 69, 88, 91,
125
Mattarella, Sergio 11, 20-22, 42,
45, 133, 173, 242, 266-267, 273
Mauro, Ezio 169
Melillo, Giovanni 35, 160-162,
196, 234-236
Mentana, Enrico 37
Mescolini, Marco 132
Mesiano, Raimondo 116-117,
209-211
Messineo, Francesco 135,
153-156
Migliavacca, Maurizio 123, 126
Milanese, Marco 125, 137
Minetti, Nicole 108, 207
Minniti, Marco 68, 162
Minoli, Giovanni 168
Misiani, Francesco 57
Moggi, Luciano 80
Montante, Antonello 163-164
Montella, Vincenzo 88
Monti, Mario 115, 122, 131
Morlini, Gianluigi 273
Morgigni, Aldo 218, 249-250,
268
Morosini, Piergiorgio 156, 171,
187-189, 268
Morvillo, Francesca 172
Musti, Lucia 183-184, 191, 193
Muzi Falconi, Toni 111

Napolitano, Giorgio 22, 71-72,
89, 92, 103, 121-123, 154-155,
168-169, 171, 173, 184-186,
194, 204, 228, 230, 266

Indice dei nomi

Narducci, Giuseppe 75
Nobili, Alberto 234-236

Obama, Barack 188, 274
Orlandi, Emanuela 137
Orlando, Andrea 35, 68, 123, 160-161, 188, 234-235
Orwell, George 80

Paci, Gaetano 275
Paciotti, Elena 57, 127
Palamara, Rocco 31, 68, 265
Palma, Nitto 58, 86, 111, 113
Panagulis, Alexandros 107
Parnasi, Luca 176
Patronaggio, Luigi 216, 220-221
Pecorella, Gaetano 112
Perelli, Simone 151-152
Pesci, Stefano 140-141, 195
Piantedosi, Matteo 218
Picardi, Pierluigi 114
Pignatone, Giuseppe 9, 22, 24-27, 43, 68, 114-115, 129, 132, 134-146, 153-156, 159-160, 176-177, 185-186, 192-196, 218, 241, 246-247, 254, 258-261, 267-268
Pirrelli, Francesca 107-108
Pomicino, Cirino 196
Porracciolo, Antonio 164
Prestipino, Michele 9, 138, 141-145
Prodi, Romano 70-71, 75-76, 85, 88, 109
Provenzano, Bernardo 135, 145
Pucci, Leonardo 178
Purgatori, Andrea 172

Raggi, Virginia 176
Ranieri, Claudio 10
Reale, Andrea 107, 269

Regeni, Giulio 98
Renzi, Matteo 8, 11, 16-19, 33-35, 38-39, 58, 161, 179, 181, 183-187, 189-192, 194-195, 197, 201, 218, 229, 231, 234, 255, 259-261, 267, 274
Renzi, Tiziano 192, 260
Riello, Luigi 243-244
Riina, Totò 177, 181, 183
Rizzo, Carmelo 245
Rizzo, Marilena 18
Robledo, Alfredo 225, 227-233, 235
Romeo, Alfredo 193, 196
Roselli, Vincenzo 271
Rossi, Nello 268
Rovati, Angelo 71
Ruby (El Mahroug, Karima) 73, 81, 94-95, 101, 108-110, 190, 207, 227-230

Sabella, Alfonso 67
Sabelli, Rodolfo 125, 140
Saladino, Antonio 91
Sallusti, Alessandro 184
Saltalamacchia, Emanuele 192
Salvi, Cesare 19
Salvi, Giovanni 19-21, 42, 135, 242-245, 258, 273
Salvini, Guido 79
Salvini, Matteo 11, 36, 58, 215-216, 218-220, 222, 231, 255, 270
Sangermano, Antonio 67, 110
San Giorgio, Maria Rosaria 152
Sanlorenzo, Rita 99
Santacroce, Giorgio 158
Santoro, Michele 12, 76, 91
Santoro, Sergio 144
Saraceni, Luigi 57
Saracino Nicola 107, 269,

Sarpietro, Nunzio 222-223
Scafarto, Giampaolo 183, 193
Scalfari, Eugenio 156-157
Scarpinato, Roberto 153-154, 163
Scelsi, Giuseppe 106
Schifani, Renato 128
Sciarelli, Federica 193
Senese, Salvatore 57
Severino, Paola 110, 119, 123-124
Shalabayeva, Alma 146
Sinatra, Alessia 258-259
Sirignano, Cesare 255
Spataro, Armando 53-55
Spina, Luigi 273
Squillante, Renato 57
Sturzo, Gaspare 197

Tarantini, Gianpaolo 105-106
Tenaglia, Lanfranco 86
Teresi, Vittorio 156
Tinti, Bruno 269
Togliatti, Palmiro 158
Toro, Achille 141
Tranfa, Enrico 109-110

Tremonti, Giulio 125, 137
Triassi, Laura 179
Troncone, Fulvio 152
Tulliani, Giancarlo 114
Turco, Luca 141, 260

Valpreda, Pietro 107
Vanorio, Fabrizio 99
Veltroni, Walter 85
Venditti, Antonello 10
Vendola, Nichi 97, 106-107
Vespa, Bruno 12, 97
Vietti, Michele 32, 125, 155, 230
Vigorito, Francesco 269
Viola, Marcello 9-10, 248-249, 259, 261, 266-267
Violante, Luciano 15, 135
Virgilio, Riccardo 159-160, 261

Woodcock, Henry John 161, 164, 180, 183-184, 191-197

Zingaretti, Nicola 26, 123, 270
Zuccaro, Carmelo 220-221
Zuin, Barbara 177

Indice

Antefatto	7
Il tradimento	13
Il ricatto	29
Il vivaio	47
L'imprevisto	65
L'incontro	83
La regola del tre	101
Il potere è controllo	119
Cane non morde cane	129
Il mercato	149
La Repubblica del Sud	165
Il «Rottamato»	181
La condanna	199
La ferocia e l'inganno	213
Miracolo a Milano	225
Così fan tutti	239
La mattanza	251
La spada e la benda	263
Epilogo	273
Appendice	277
Indice dei nomi	281

Finito di stampare nel mese di gennaio 2021
presso Grafica Veneta S.p.A. – Via Malcanton, 2 – Trebaseleghe (PD)

Printed in Italy